세 마리 토끼 잡는 급수 한자

8급

이 책을 쓴 분들

이자원(기획 편집자, 〈주니어 플라톤〉 개발, 〈세 마리 토끼 잡는 초등 어휘〉,
　　　〈세 마리 토끼 잡는 초등 독해〉 기획 개발)
박수희(기획 편집자, 〈2015개정 교육과정 중학교 한문 교과서〉, 〈중학교 한문 교사용 지도서〉 개발,
　　　〈중학교 한문 평가문제집〉 기획 개발)
김자호(기획 편집자, 〈주니어 플라톤〉, 〈웅진 스마트올〉 콘텐츠 개발, 〈말씨생각씨〉 기획 개발)
유은혜(기획 편집자, 〈장원 한자〉, 〈2009개정 교육과정 한문 교과서〉 개발, 〈해법 한자〉 연재,
　　　전 목동메가스터디 한문 강사)

세 마리 토끼잡는 급수 한자 [8급]

1판 5쇄 2024년 9월 15일

총괄 김진홍 | **기획 및 편집** 이자원, 박수희 | **펴낸이** 주민홍 | **펴낸곳** ㈜NE능률 | **디자인** 장현순, 윤혜민 | **그림** 우지현, 윤유리, 김석류 | **영업** 한기영, 이경구, 정철교, 김중희, 김남준, 이우현 | **마케팅** 박혜선, 남경진, 허유나, 이지원, 김여진 | **주소** 서울특별시 마포구 월드컵북로 396(상암동) 누리꿈스퀘어 비즈니스타워 10층 (우편번호 03925) | **전화** (02)2014-7114 | **팩스** (02)3142-0356 | **홈페이지** www.nebooks.co.kr | ISBN 979-11-253-3467-5

제조년월 2024년 9월 제조사명 ㈜NE능률 제조국 대한민국 사용연령 7~11세
Copyright©2020. 이 책의 저작권은 ㈜NE능률에 있습니다.
내용의 일부 또는 전체를 사용하시려면 미리 출판사의 동의를 얻어야 합니다.

※ 파본은 구매처에서 교환 가능합니다.

체계적인 한자 학습을 통해 한자 자격증을 내 것으로 만들어 보세요.

한자를 공부하는 방법은 다양합니다. 만화로 된 책을 보거나 공책에 쓰면서 익힐 수 있습니다. 하지만 이렇게 공부하여도 한자의 모양, 뜻, 소리를 제대로 익히기 어려우며, 우리말의 약 70%인 한자 어휘를 이해하지 못하는 경우가 많습니다. 나아가 한자 자격증과 같은 시험에 합격하기도 힘듭니다. 그렇다면 어떻게 한자 학습을 하는 것이 좋을까요? 효과적인 한자 학습 방법에 대해 생각해 봅시다.

먼저 아래 표를 보세요.

한글	영어	한자
하늘	Sky	天
ㅎ+ㅏ+ㄴ+ㅡ+ㄹ	S+k+y	

한글과 영어는 여러 개의 문자가 합쳐져서 단어가 되었습니다. 그럼 한자는 어떤가요? '天'이라는 한자 하나가 '하늘'을 의미합니다. 즉, 한자는 글자가 아니라 뜻을 가지고 있는 단어라고 생각할 수 있습니다.

만약 모르는 단어가 있으면 어떻게 하나요? 사전을 통해 모르는 단어를 찾습니다. 사전에는 단어의 뜻뿐만 아니라 어원, 동의어, 상대어, 동음이의어, 예문 등이 모두 들어 있어서 단어를 공부하는 데 효과적입니다. 마찬가지로 **한자는 단어라고 볼 수 있기 때문에 사전과 같은 형식을 통해 학습하면 그 효과가 더 큽니다.**

그리고 중요한 요소는 예습과 복습입니다. 특히 **한자는 글자의 모양, 뜻, 소리 등 기억해야 하는 요소가 많아 반복적인 학습과 복습이 매우 중요합니다.** 또한, 다음에 학습할 한자를 미리 예습하는 것으로 학습 효과를 높일 수 있습니다.

마지막으로 한자는 그림 문자입니다. 어떤 모습을 그림으로 표현한 문자가 오랜 시간이 흘러 한자가 된 것입니다. 이런 한자의 속성을 통해 **한자가 만들어지는 과정을 그림으로 살펴보고, 담겨있는 뜻을 풀이해 주면 한자가 머릿속에 더 오래 기억될 겁니다.**

저희 NE능률 연구원들이 열심히 만든 〈세 마리 토끼 잡는 급수 한자〉는 다른 한자 교재와 다르다는 것을 꼭 말씀드리고 싶습니다. 힘들게 공부한 한자가 쉽게 잊히지 않도록, 학습 과정이 즐겁길 바라는 마음으로 교재를 구성하였습니다. 아이가 스스로 공부할 수 있는 〈세 마리 토끼 잡는 급수 한자〉로 첫 한자 공부를 시작해 보세요.

세 마리 토끼잡는 급수 한자 교재 특징

어떤 책인가요?

한국어문회에서 배정한 급수 한자의 효과적인 학습을 바탕으로 한자능력급수(8급~6급) 자격증 취득을 도와주기 위한 '자기 주도식 급수 한자 학습지'입니다.

몇 단계, 몇 권인가요?

〈세 마리 토끼 잡는 급수 한자〉는 다음과 같이 단계별 각 1권으로 구성된 책입니다. 학습 효과를 높이기 위해 각 권 내 급수 한자는 획순이 적은 한자부터 학습합니다.

급수 단계	8급	7급Ⅱ	7급	6급Ⅱ	6급
권장 학년	유아~초등 1학년	초등 1~2학년		초등 2~3학년	

세 마리 토끼는 무엇인가요?

〈세 마리 토끼 잡는 급수 한자〉의 학습 흐름을 세 마리 토끼로 표현했습니다. 한국어문회에서 배정한 '급수 한자'를 한 컷 그림으로 익힙니다. 그리고 실생활에 활용하는 '교과 어휘'를 통해 한자 활용 능력을 키웁니다. 마지막으로 한자검정시험 대비를 위해 '실전 문제'를 풀어보며 시험에 대한 자신감을 가집니다.

한 컷 그림으로 익히는 급수 한자
- 한자의 어원을 기억하기 쉽게 한 컷 그림으로 학습
- 상대어, 유의어, 동음이의어 등 6급 이내 관계 한자 노출

실생활에 활용하는 교과 어휘
- 급수 한자를 포함하는 과목별 교과 어휘 제시
- 교과 어휘를 활용할 수 있게 어휘 활용 문장 제공

한자검정시험 대비 실전 문제
- 일일 학습 후 실전 문제 제공
- 모든 학습이 끝난 후 실전 모의고사 2회분 제공

25일 안에 급수 한자를 완성할 수 있어요!

한자능력급수 시험 안내

한자능력급수 시험은 어떤 시험인가요?

한국어문회에서 주관하는 한자능력급수 시험입니다. 공인자격(특급~3급Ⅱ)과 비공인자격(4급~8급)으로 구분됩니다. 비공인자격에 해당하는 급수는 초·중 교과 학습 능력 배양, 어휘력 신장을 통한 교과 이해력 향상 및 논리적 사고력 증진을 목표로 두고 있으며 초등학생에게 권장하고 있습니다.

응시 자격은 어떻게 되나요?

학력, 연령, 소속, 국적 등에 상관없이 원하는 급수에 응시할 수 있습니다.

급수마다 시험 시간과 문항 수는 어떻게 되나요?

초등학생 권장 급수인 8급에서 4급까지는 50분입니다. 그리고 급수가 올라가면서 문항 수가 많아집니다. 문항의 70% 이상 득점하면 합격입니다.

구분	8급	7급Ⅱ	7급	6급Ⅱ	6급
문항 수	50	60	70	80	90
합격 문항	35	42	49	56	63
배정 한자	50	100(8급 포함)	150(7급Ⅱ 포함)	225(7급 포함)	300(6급Ⅱ 포함)

시험 문제 유형은 어떤 것이 있나요?

총 13가지 유형이 있지만 6급까지는 9가지 유형만 출제됩니다. 8급에는 독음(소리)과 훈음(뜻과 소리), 필순(쓰는 순서)이 출제되며 이후 급수가 올라갈수록 상대어(반대 또는 상대되는 글자), 뜻풀이, 동의어(뜻이 같은 글자), 동음이의어(소리는 같고 뜻은 다른 글자), 완성형(빈칸 채우기), 한자 쓰기 등의 유형이 추가됩니다.

〈출제기준표〉

구분	8급	7급Ⅱ	7급	6급Ⅱ	6급
독음	24	22	32	32	33
훈음	24	30	30	29	22
반의어	0	2	2	2	3
완성형	0	2	2	2	3
동의어	0	0	0	0	2
동음이의어	0	0	0	0	2
뜻풀이	0	2	2	2	2
한자 쓰기	0	0	0	10	20
필순	2	2	2	3	3

※ 출제기준표는 기본지침자료로서, 출제자의 의도에 따라 차이가 있을 수 있습니다.

세 마리 토끼 잡는 급수 한자 1일 구성

한자 배우기
한자가 만들어진 원리를 그림으로 배웁니다.

한자 뜻과 소리 배우기
한자가 만들어지는 과정과 그에 해당하는 풀이를 통해 한자의 뜻과 소리를 학습합니다.

한자 따라 쓰기
배운 한자를 따라 써 보며 한자 모양을 익힙니다.

한자 넓히기
배운 한자와 뜻이 비슷한 한자, 뜻이 반대인 한자, 소리가 같은 한자 등을 공부합니다.

한자 퀴즈/교과 어휘
한자 퀴즈와 교과 어휘를 통해 배운 한자를 활용합니다.

한자 퀴즈(8급~7급)
미로, 선 긋기, 색칠하기 등 다양한 놀이 형태로 된 한자 퀴즈를 풀어 봅니다.

교과 어휘
다양한 교과 어휘의 뜻과 활용을 읽고 실생활에서 사용해 봅니다.

실전 문제 풀기
기출 문제와 같은 유형의 문제를 풀어 봅니다.

실전 문제 풀기
실제 급수 문제에 나온 유형의 문제를 풀어 보면서 배운 한자를 정리합니다.

다시 보고 미리 보기
배운 한자를 복습하고 내일 배울 한자를 미리 살펴봅니다.

다시 보기
전날 배운 한자와 오늘 배운 한자를 복습합니다.

미리 보기
내일 배울 한자를 미리 확인합니다.

생활 속 한자 상식
한자와 관련 있는 다양한 상식을 읽어 봅니다.

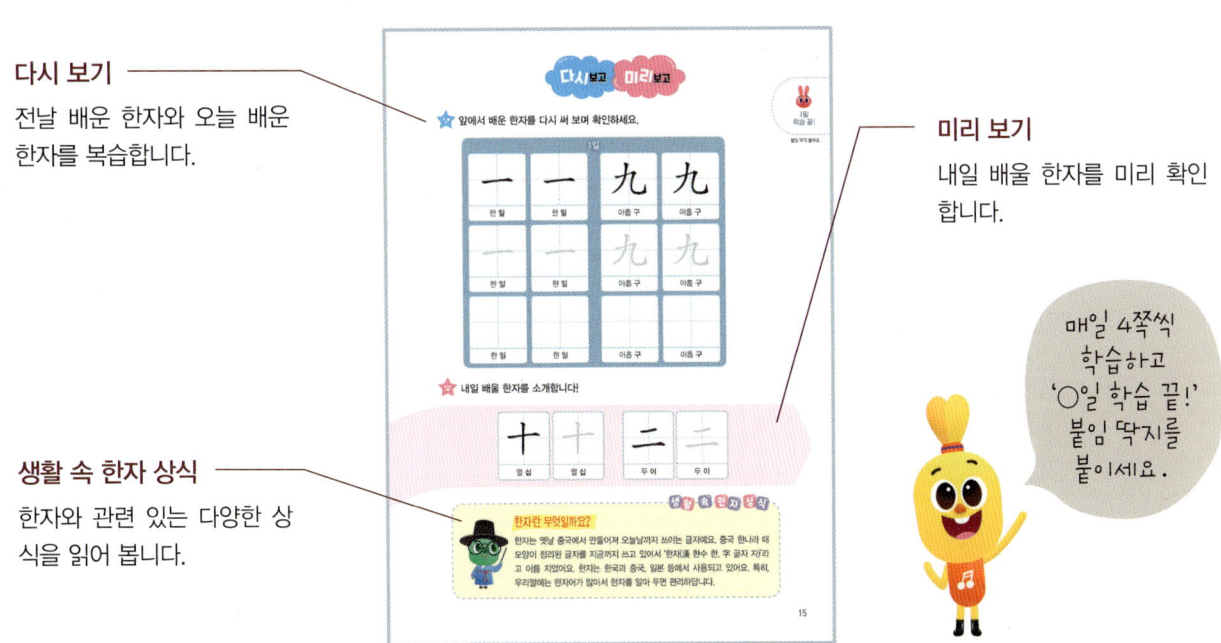

매일 4쪽씩 학습하고 'O일 학습 끝!' 붙임 딱지를 붙이세요.

한자의 기초 1 한자

우리가 실생활에서 사용하는 어휘의 약 70% 이상은 한자로 이루어져 있습니다. 이처럼 한자를 알아야 우리말의 뜻을 제대로 이해할 수 있으며, 더불어 어휘력과 독해력이 향상되어 다양한 과목을 공부하는 데 도움이 되기도 합니다. 이러한 한자는 초기에 사물의 모양을 본뜬 형태였습니다. 시간이 지나 중국 은나라 때 거북 등딱지에 그린 갑골문이 생겨난 이후, 여러 모양을 거쳐 중국 한나라 때 지금 사용하는 한자 모습이 만들어졌답니다. 아래 한자가 만들어지는 과정을 살펴보세요.

한자의 기초 2 한자의 모양, 뜻, 소리

한자는 모양, 뜻, 소리를 가지고 있는 글자입니다. 한자의 뜻은 훈, 소리는 음이라고 불리기도 합니다. 보통 한자는 한 가지 뜻과 소리를 가졌는데, 시간이 지나면서 여러 가지 뜻과 소리를 가진 한자가 생겨났답니다. 아래 한자의 세 요소를 알고 한자를 익혀 보세요.

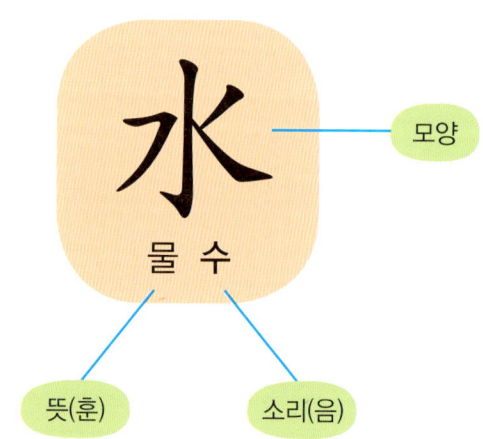

한자의 기초 3 부수

부수는 뜻으로 분류된 한자의 무리에서 그 뜻을 대표하는 글자입니다. 한자의 뜻은 부수의 뜻과 관련이 있어, 부수의 뜻으로 한자의 뜻을 유추할 수 있습니다. **부수로 쓰인 한자는 다른 한자와 결합할 때 모양이 변하기도 합니다.** 예를 들어 水(물 수)가 부수로 사용되면 'ㅣ'처럼 모양이 바뀝니다. 아래 水가 부수로 쓰인 한자들을 살펴보세요.

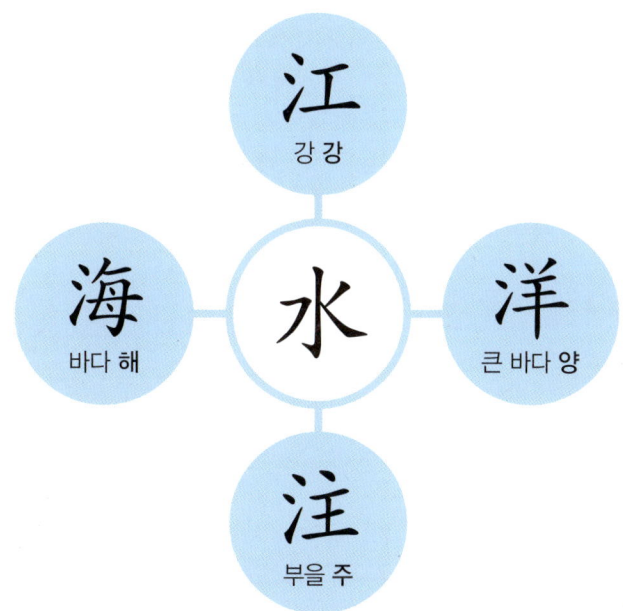

부수는 한자에서 일정한 위치를 차지하고 있는데, 그 위치에 따라 여러 가지 이름으로 불립니다. 특히 한자 자체가 부수일 때는 제부수라 합니다. 아래 한자를 통해 **부수의 위치와 명칭**을 살펴보세요.

한자의 기초 4 한자 필순

필순은 한자의 점과 획을 쓰는 바른 순서를 말합니다. 한자를 편하게 쓰기 위한 목적에서 나온 규칙이지만 반드시 외울 필요는 없습니다. 한자를 쓰다 보면 자연스럽게 익숙해질 것이니 각 한자를 쓰면서 연습해 보세요.

- 위에서 아래로 씁니다.

  三 一 二 三

- 왼쪽에서 오른쪽으로 씁니다.

  川 丿 丿丨 川

- 가로획을 먼저 쓰고 세로획을 나중에 씁니다.

  十 一 十

- 좌우의 모양이 같으면 가운데 획을 먼저 씁니다.

  水 丨 刁 水 水

- 바깥쪽을 먼저 쓰고 안쪽을 나중에 씁니다.

  同 丨 冂 冂 冋 同 同

- 삐침(丿)과 파임(乀)이 만나면 삐침을 먼저 씁니다.

  人 丿 人

- 글자 전체를 꿰뚫는 획은 나중에 씁니다.

  中 丨 口 口 中

- 받침은 나중에 씁니다.

  道 首 首 渞 渞 道

- 오른쪽 위의 점은 맨 나중에 찍습니다.

  代 丿 亻 仁 代 代

※위의 원칙과 다른 글자도 있을 수 있습니다. 그런 경우는 별도로 필순을 익혀 둡니다.

25일 8급 한자 완성

1일	一 한 일	九 아홉 구	12쪽
2일	十 열 십	二 두 이	16쪽
3일	人 사람 인	七 일곱 칠	20쪽
4일	八 여덟 팔	女 여자 녀(여)	24쪽
5일	大 큰 대	山 산 산	28쪽
6일	三 석 삼	小 작을 소	32쪽
7일	寸 마디 촌	土 흙 토	36쪽
8일	六 여섯 륙(육)	木 나무 목	40쪽
9일	父 아비 부	水 물 수	44쪽
10일	五 다섯 오	王 임금 왕	48쪽
11일	月 달 월	日 날 일	52쪽
12일	中 가운데 중	火 불 화	56쪽
13일	母 어미 모	民 백성 민	60쪽
14일	白 흰 백	北 북녘 북	64쪽
15일	四 넉 사	生 날 생	68쪽
16일	外 바깥 외	兄 형 형	72쪽
17일	年 해 년(연)	西 서녘 서	76쪽
18일	先 먼저 선	弟 아우 제	80쪽
19일	金 쇠 금	東 동녘 동	84쪽
20일	門 문 문	長 긴 장	88쪽
21일	靑 푸를 청	軍 군사 군	92쪽
22일	南 남녘 남	室 집 실	96쪽
23일	校 학교 교	敎 가르칠 교	100쪽
24일	國 나라 국	萬 일만 만	104쪽
25일	學 배울 학	韓 한국 한	108쪽

부록 1	• 모의고사 1·2회 및 답안지	112쪽
	• 정답	123쪽
부록 2	• 8급 한자 리스트	130쪽

맨 뒷장에 있는 한자 카드를 활용해 보세요!

1일

一 한 일

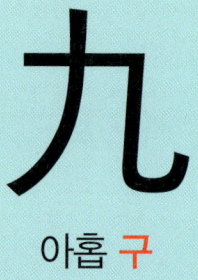

九 아홉 구

나무 막대기 하나를 옆으로 놓은 모습으로, '**하나**'를 뜻하는 글자입니다.

[부수] 一　[획수] 총 1획　[쓰는 순서] 一

一				
한 일	한 일			

뜻이 비슷한 한자 同 한가지 동　　**소리가 같은 한자** 日 날 일

팔꿈치를 구부려서 물건 아홉 개를 들고 있는 모습으로, '**아홉**'을 뜻하는 글자입니다.

[부수] 乙　[획수] 총 2획　[쓰는 순서] 九 九

九				
아홉 구	아홉 구			

소리가 같은 한자 口 입 구, 球 공 구, 區 구분할 구

공부한 날짜　월　일

 아래 한자의 뜻에 해당하는 수만큼 오른쪽 사과를 색칠해 보세요.

 아래 한자를 따라 쓰고, 어휘의 뜻과 활용을 읽어 보세요.

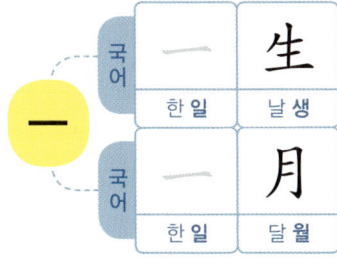

뜻 세상에 태어나서 죽을 때까지의 동안.
활용 이순신의 일생에 관한 책을 읽었어요.

뜻 열두 달 가운데 첫째 달.
활용 일월이 되면 한 살을 더 먹어요.

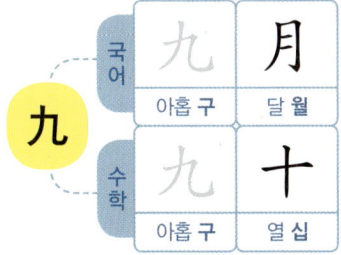

뜻 열두 달 가운데 아홉째 달.
활용 나는 구월에 태어났어요.

뜻 십의 아홉 배가 되는 수.
활용 수학 시험에서 구십 점을 받았어요.

실전문제 풀기

[1~2] 다음 글의 ( ) 안에 있는 漢字(한자)의 讀音(독음: 읽는 소리)을 쓰세요.

> **보기**
> (音) → 음

1. (一)월 (   )

2. (九)일은 내 생일입니다. (   )

[3~4] 다음 밑줄 친 말에 해당하는 漢字(한자)를 보기에서 찾아 그 번호를 쓰세요.

> **보기**
> ① 九   ② 一

3. 사탕을 <u>아홉</u> 개 샀습니다. (   )

4. 사과 <u>한</u> 개를 먹었습니다. (   )

[5~6] 다음 漢字(한자)의 훈(訓: 뜻)을 보기에서 찾아 그 번호를 쓰세요.

> **보기**
> ① 하나   ② 아홉

5. 九 (   )

6. 一 (   )

 오늘 배운 한자를 다시 써 보며 확인하세요.

1일 학습 끝!

붙임 딱지 붙여요.

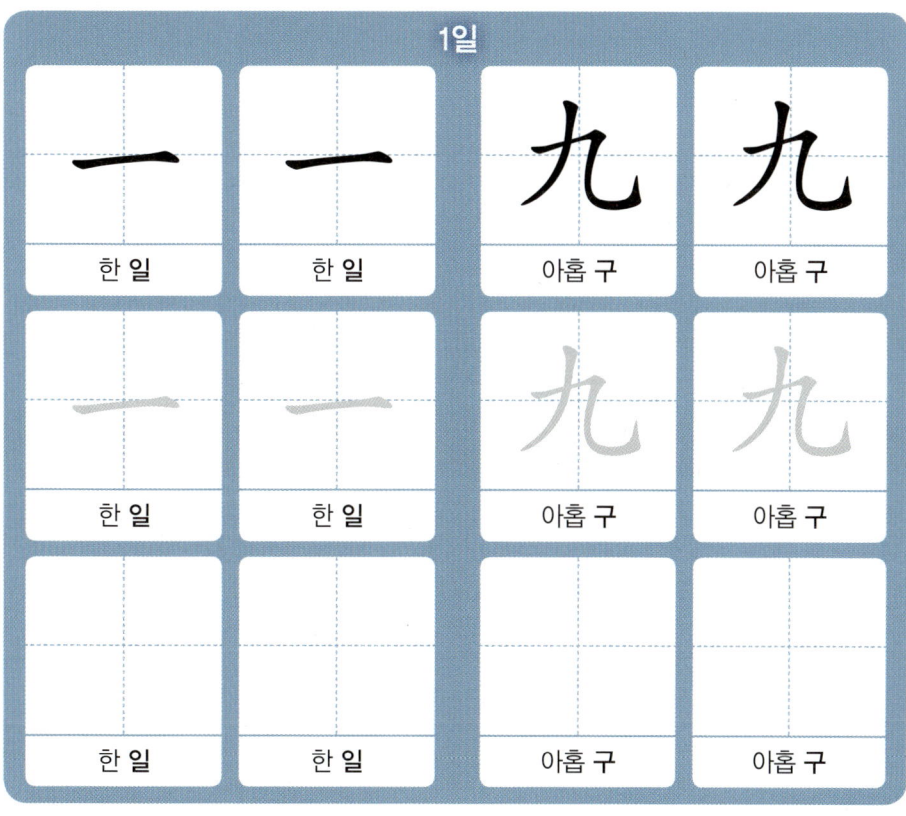

 내일 배울 한자를 소개합니다!

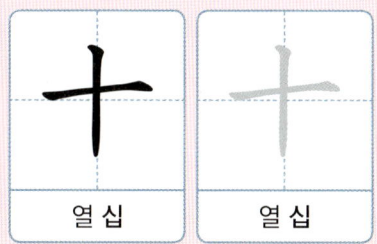 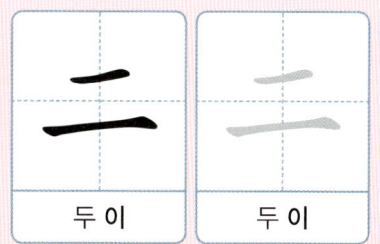

생활 속 한자 상식

한자란 무엇일까요?

한자는 옛날 중국에서 만들어져 오늘날까지 쓰이는 글자예요. 중국 한나라 때 모양이 정리된 글자를 지금까지 쓰고 있어서 '한자(漢 한수 한, 字 글자 자)'라고 이름 지었어요. 한자는 한국과 중국, 일본 등에서 사용되고 있어요. 특히, 우리말에는 한자어가 많아서 한자를 알아 두면 편리하답니다.

2일

十 열 십

二 두 이

나무 막대기 하나를 세로로 꽂아 열 개를 한 묶음으로 표시한 모습으로, **'열'**을 뜻하는 글자입니다.

[부수] 十 [획수] 총 2획 [쓰는 순서] 十 十

十	十				
열 십	열 십				

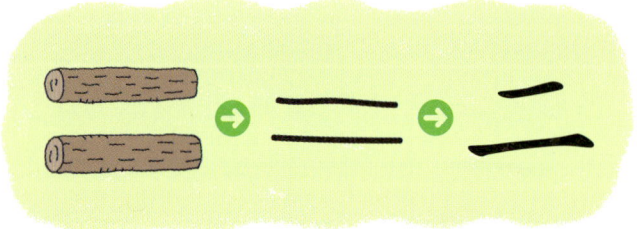

나무 막대기 두 개를 옆으로 놓은 모습으로, **'둘'**을 뜻하는 글자입니다.

[부수] 二 [획수] 총 2획 [쓰는 순서] 二 二

二	二				
두 이	두 이				

공부한 날짜 ☐월 ☐일

 아래 한자를 읽고, 숫자로 바꾸어 써 보세요.

 아래 한자를 따라 쓰고, 어휘의 뜻과 활용을 읽어 보세요.

十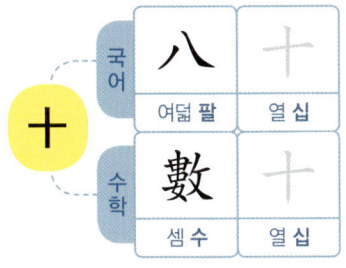

八十
여덟 팔 / 열 십
뜻 십의 여덟 배가 되는 수.
활용 할아버지는 **팔십** 살이에요.

數十
셈 수 / 열 십
뜻 십의 여러 배가 되는 수.
활용 공원에 **수십** 명이 모였어요.

二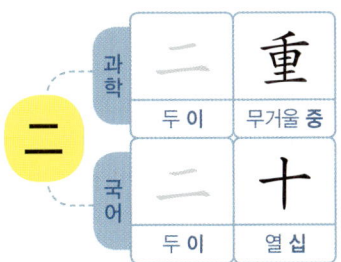

二重
두 이 / 무거울 중
뜻 두 겹.
활용 장난감이 **이중**으로 포장되어 있어요.

二十
두 이 / 열 십
뜻 십의 두 배가 되는 수.
활용 형은 **이십** 살이 되었어요.

[1~2] 다음 훈(訓: 뜻)이나 음(音: 소리)에 알맞은 漢字(한자)를 보기에서 찾아 그 번호를 쓰세요.

보기
① 二   ② 十

1. 열 (   )

2. 이 (   )

[3~4] 다음 漢字(한자)의 훈(訓: 뜻)과 음(音: 소리)을 쓰세요.

보기
音 → 소리 음

3. 十 (   )

4. 二 (   )

[5~6] 다음 漢字(한자)의 진하게 표시한 획은 몇 번째 쓰는지 보기에서 찾아 그 번호를 쓰세요.

보기
① 첫 번째   ② 두 번째

5. 二 (   )

6. 十 (   )

 앞에서 배운 한자를 다시 써 보며 확인하세요.

2일 학습 끝!
붙임 딱지 붙여요.

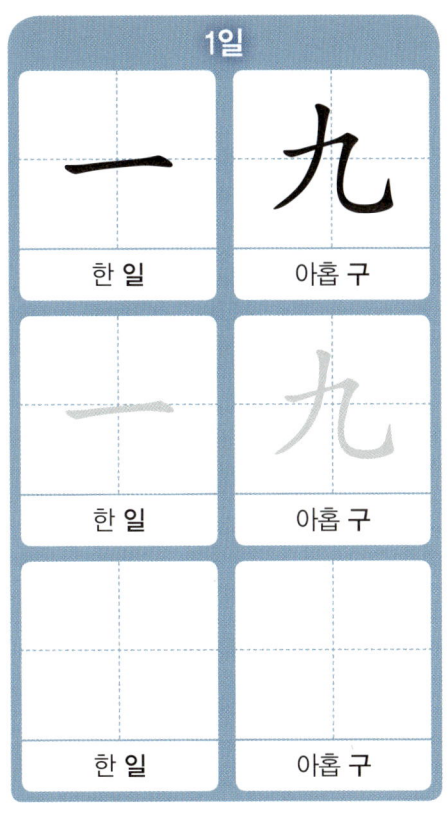

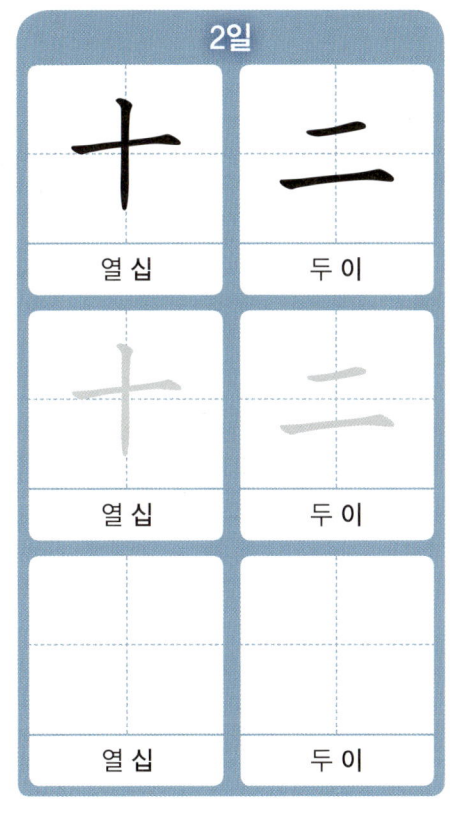

 내일 배울 한자를 소개합니다!

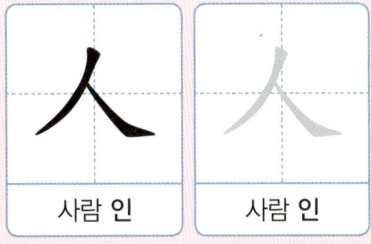

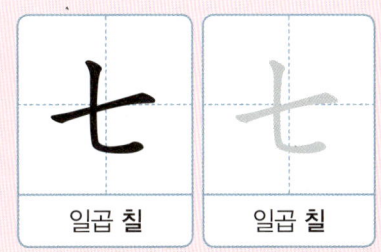

생활 속 한자 상식

한자의 세 가지 재료 – 모양, 뜻, 소리

한자가 만들어지려면 세 가지 재료가 꼭 있어야 해요. 그것은 바로 한자의 '모양, 뜻, 소리'예요. 셋 중에 하나라도 없으면 한자의 뜻을 알 수 없거나, 읽고 쓸 수 없답니다.

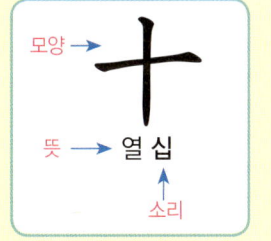

3일

人 사람 인

七 일곱 칠

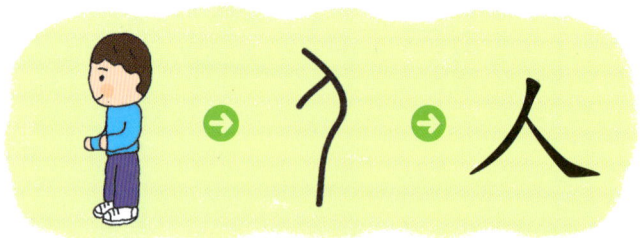

사람이 옆으로 서 있는 모습으로, **'사람'**을 뜻하는 글자입니다.

[부수] 人	[획수] 총 2획	[쓰는 순서] 人 人				
人	人					
사람 인	사람 인					

나무 막대기가 일곱 조각이 되도록 칼로 자르는 모습으로, **'일곱'**을 뜻하는 글자입니다.

[부수] 一	[획수] 총 2획	[쓰는 순서] 七 七				
七	七					
일곱 칠	일곱 칠					

공부한 날짜 □월 □일

 아래 한자의 알맞은 뜻과 음을 골라 ○표 하세요.

 아래 한자를 따라 쓰고, 어휘의 뜻과 활용을 읽어 보세요.

人

국어 | 人 事 | 사람 인 · 일 사
뜻 마주 대하거나 헤어질 때 예를 표함.
활용 선생님께 방긋 웃으며 인사를 했어요.

사회 | 韓 國 人 | 한국 한 · 나라 국 · 사람 인
뜻 한국 국적을 가진 사람.
활용 나는 한국인이에요.

七

과학 | 七 夕 | 일곱 칠 · 저녁 석
뜻 음력 7월 7일을 이르는 말.
활용 칠석은 견우와 직녀가 만나는 날이에요.

국어 | 七 十 | 일곱 칠 · 열 십
뜻 십의 일곱 배가 되는 수.
활용 할머니는 칠십 살이에요.

[1~2] 다음 漢字(한자)의 음(음: 소리)을 보기에서 찾아 그 번호를 쓰세요.

> 보기
> ① 칠   ② 인

1. 七 (   )
2. 人 (   )

[3~4] 다음 밑줄 친 말에 해당하는 漢字(한자)를 보기에서 찾아 그 번호를 쓰세요.

> 보기
> ① 七   ② 人

3. 나는 한국 사람입니다. (   )
4. 무지개는 일곱 빛깔입니다. (   )

[5~6] 다음 漢字(한자)의 진하게 표시한 획은 몇 번째 쓰는지 보기에서 찾아 그 번호를 쓰세요.

> 보기
> ① 첫 번째   ② 두 번째

5. 人 (   )   6. 七 (   )

⭐ 앞에서 배운 한자를 다시 써 보며 확인하세요.

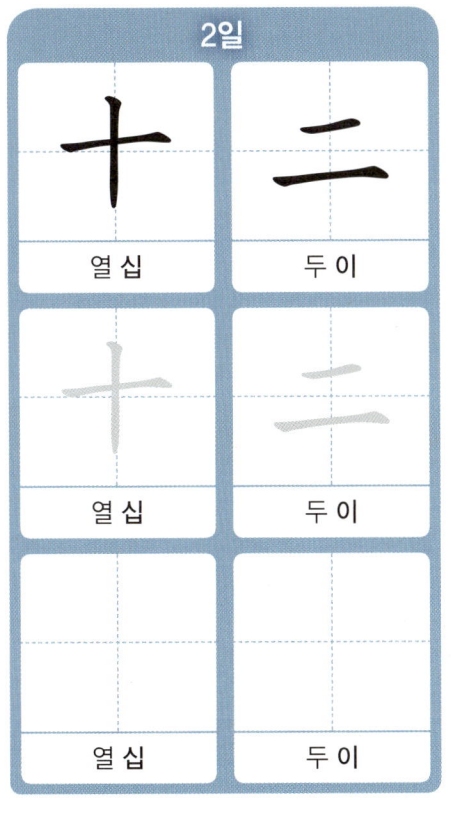
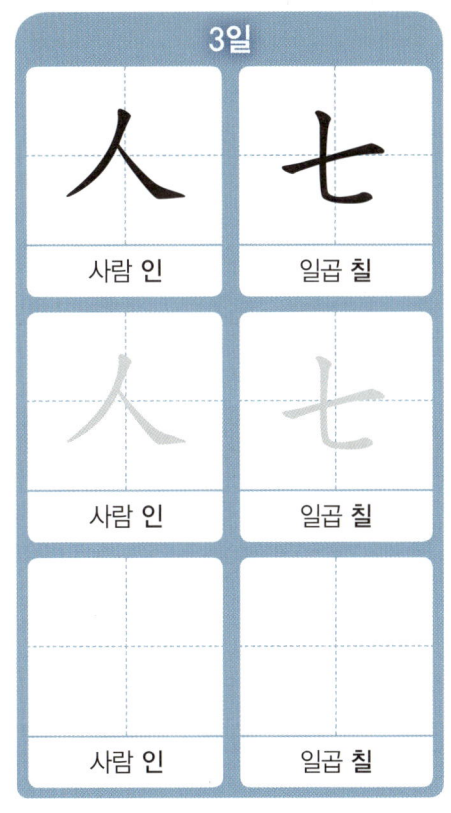

⭐ 내일 배울 한자를 소개합니다!

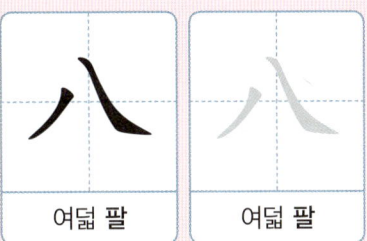
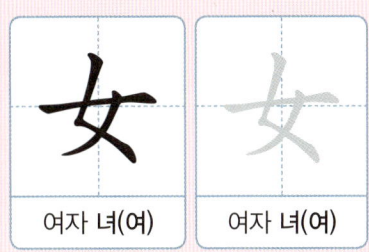

생활 속 한자 상식

가장 오래된 한자는 무엇일까요?

바로 '갑골문(甲骨文)'이에요. 갑골문은 옛날 사람들이 점을 칠 때 갑옷처럼[甲, 갑옷 갑] 딱딱한 거북이의 등딱지나 동물의 뼈[骨, 뼈 골]에 새긴 글자[文, 글월 문]를 말한답니다.

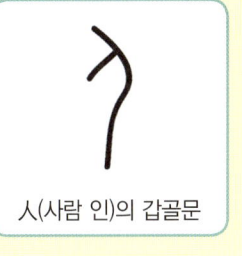

人(사람 인)의 갑골문

4일

八 여덟 팔

女 여자 녀(여)

양손을 네 손가락씩 펼쳐 내민 모습으로, **'여덟'**을 뜻하는 글자입니다.

[부수] 八　[획수] 총 2획　[쓰는 순서] 八 八

八	八				
여덟 팔	여덟 팔				

여자가 다리를 모으고 앉아 있는 모습으로, **'여자'**를 뜻하는 글자입니다.

[부수] 女　[획수] 총 3획　[쓰는 순서] 女 女 女

女	女				
여자 녀(여)	여자 녀(여)				

뜻이 반대인 한자　男 사내 남, 子 아들 자

공부한 날짜 ☐월 ☐일

 아래 한자의 알맞은 뜻과 음을 따라가며 미로를 통과해 보세요.

 아래 한자를 따라 쓰고, 어휘의 뜻과 활용을 읽어 보세요.

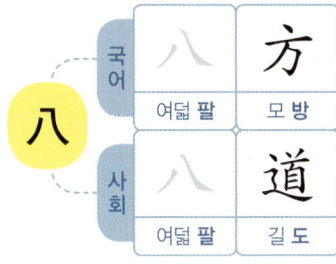

八	국어	八方 (여덟 팔 / 모 방)

뜻 동, 서, 남, 북, 동북, 동남, 서북, 서남의 여덟 방향.
활용 동생이 사방팔방으로 뛰어다녀요.

사회 八道 (여덟 팔 / 길 도)

뜻 여덟 개 도(道)로 나뉜 우리나라 전체.
활용 우리나라는 팔도로 나누어져 있어요.

女 국어 女子 (여자 녀(여) / 아들 자)

뜻 여성으로 태어난 사람.
활용 놀이터에서 여자아이들이 뛰어놀아요.

체육 男女 (사내 남 / 여자 녀(여))

뜻 남자와 여자.
활용 남녀 수영 선수권 대회가 열렸어요.

실전문제 풀기

[1~2] 다음 밑줄 친 말에 해당하는 漢字(한자)를 보기에서 찾아 그 번호를 쓰세요.

보기
① 女   ② 八

1. 나는 <u>여자</u> 친구가 생겼습니다. (   )

2. 동생은 <u>여덟</u> 살입니다. (   )

[3~4] 다음 漢字(한자)의 훈(訓: 뜻)과 음(音: 소리)을 쓰세요.

보기
音 → 소리 음

3. 女 (   )

4. 八 (   )

[5~6] 다음 漢字(한자)의 진하게 표시한 획은 몇 번째 쓰는지 보기에서 찾아 그 번호를 쓰세요.

보기
① 첫 번째   ② 두 번째   ③ 세 번째

5. 八 (   )   6. 女 (   )

⭐ 앞에서 배운 한자를 다시 써 보며 확인하세요.

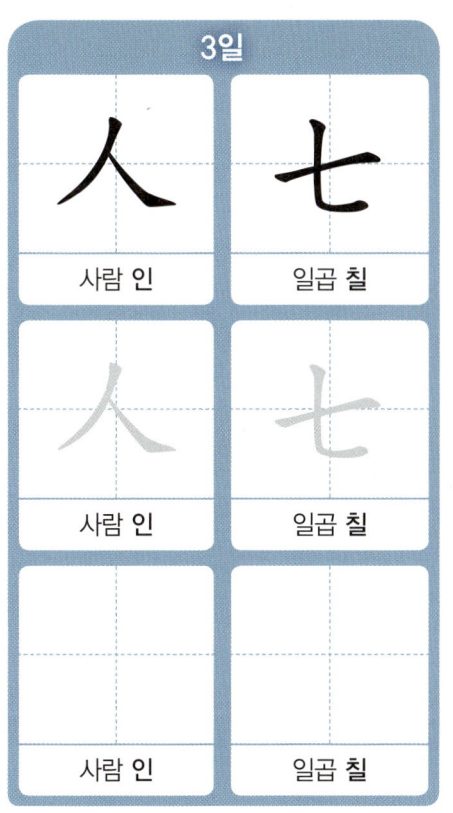

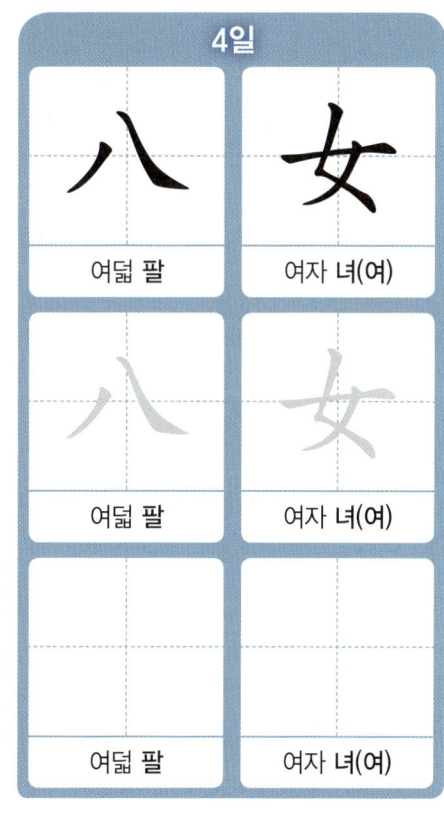

⭐ 내일 배울 한자를 소개합니다!

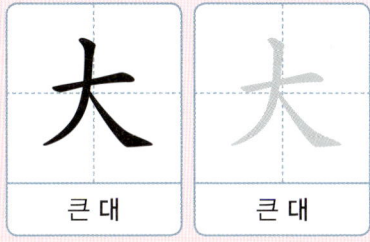

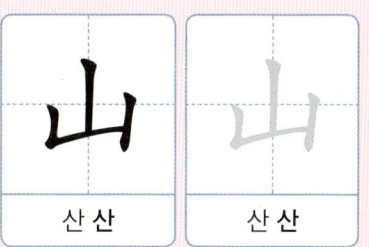

'女'는 왜 앉아 있는 모습으로 그려졌을까요?

지금은 여자와 남자가 평등하지만, 옛날 사람들은 남자는 높고 여자는 낮다고 생각했어요. 그래서 남자를 그린 '人(사람 인)'은 서 있는 모습으로 그렸고, '女(여자 녀)'는 다리를 모아 땅에 앉은 모습으로 그렸지요. 옛날 사람들의 생각을 알면, 한자의 모양을 이해하기 쉽답니다.

5일

큰 **대**

산 **산**

사람이 양팔을 벌려 몸을 크게 만든 모습으로, '**크다**'를 뜻하는 글자입니다.

[부수] 大　[획수] 총 3획　[쓰는 순서] 大 大 大

大	大				
큰 대	큰 대				

뜻이 반대인 한자 小 작을 소　**소리가 같은 한자** 代 대신할 대, 對 대할 대

세 개의 봉우리가 높이 솟은 산의 모습으로, '**산**'을 뜻하는 글자입니다.

[부수] 山　[획수] 총 3획　[쓰는 순서] 山 山 山

山	山				
산 산	산 산				

뜻이 반대인 한자 川 내 천, 江 강 강　**소리가 같은 한자** 算 셈 산

공부한 날짜 　월　일

 아래 사다리를 타고 내려가서 뜻과 음에 알맞은 한자를 빈칸에 써 보세요.

크다　　　산

대　　　　산

 아래 한자를 따라 쓰고, 어휘의 뜻과 활용을 읽어 보세요.

大

| 국어 | 大門 (큰 대 / 문 문) |
뜻 큰 문.
활용 대문 밖에 예쁜 꽃이 피었어요.

| 사회 | 大學生 (큰 대 / 배울 학 / 날 생) |
뜻 대학교에 다니는 학생.
활용 형은 대학생이에요.

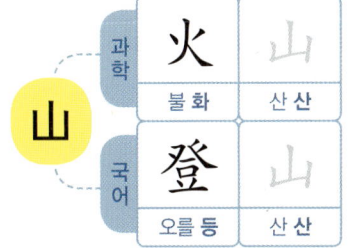

山

| 과학 | 火山 (불 화 / 산 산) |
뜻 땅속 가스나 마그마가 불처럼 뿜어져 나오는 산.
활용 백두산은 지금도 활동하는 화산이에요.

| 국어 | 登山 (오를 등 / 산 산) |
뜻 산에 오름.
활용 주말에 가족들과 등산을 했어요.

실전문제 풀기

[1~2] 다음 글의 ( ) 안에 있는 漢字(한자)의 讀音(독음: 읽는 소리)을 쓰세요.

> 보기
> (音) → 음

1. (大)학생 형과 함께 (   )
2. (山)에 올라갔습니다. (   )

[3~4] 다음 漢字(한자)의 훈(訓: 뜻)을 보기에서 찾아 그 번호를 쓰세요.

> 보기
> ① 산   ② 크다

3. 大 (   )
4. 山 (   )

[5~6] 다음 밑줄 친 말에 해당하는 漢字(한자)를 보기에서 찾아 그 번호를 쓰세요.

> 보기
> ① 大   ② 山

5. 산에 쓰레기를 버리지 말아야 합니다. (   )
6. 선물로 큰 인형을 받았습니다. (   )

⭐ 앞에서 배운 한자를 다시 써 보며 확인하세요.

5일 학습 끝!
붙임 딱지 붙여요.

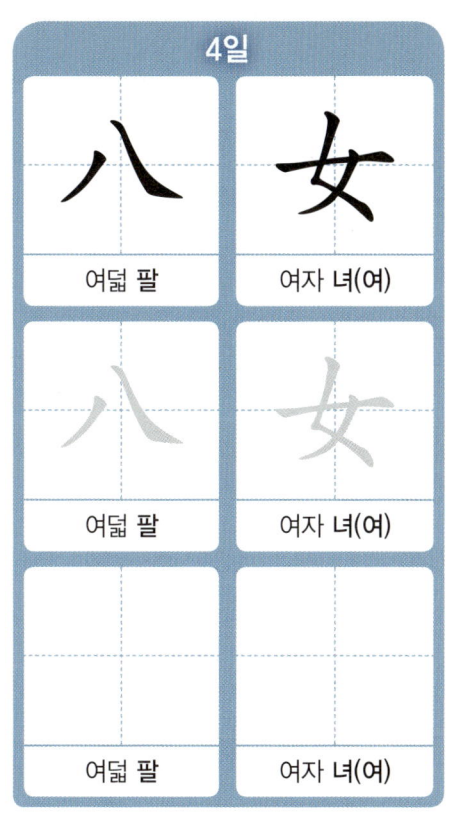

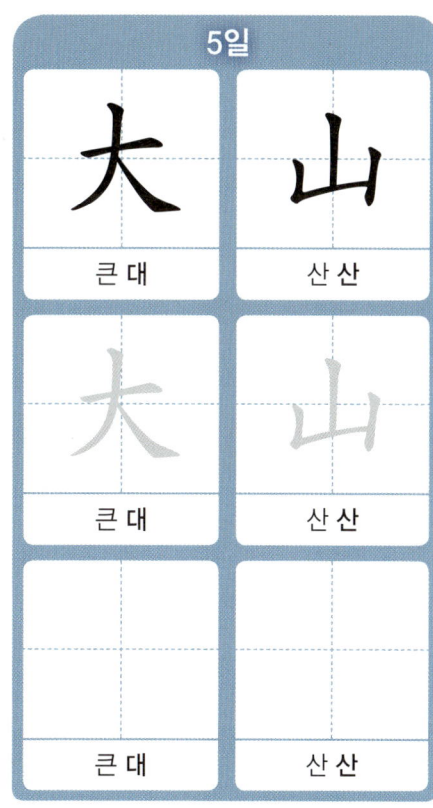

⭐ 내일 배울 한자를 소개합니다!

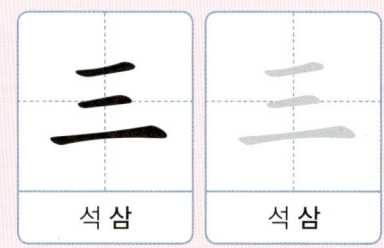

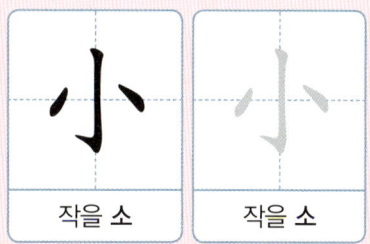

생활 속 한자 상식

한자를 만드는 원리 - 상형

한자 중에는 사물의 모양을 그대로 그려서 만든 것들이 있어요. 사람이 양팔을 벌려 몸을 크게 만든 모습을 그려 '大(큰 대)'를 만들었고, 봉우리가 높이 솟은 산을 그려 '山(산 산)'을 만들었지요. 이렇게 사물의 모양을 그대로 그려서 한자를 만드는 원리를 '상형'이라고 한답니다.

6일

三 석 삼

나무 막대기 세 개를 옆으로 놓은 모습으로, '셋'을 뜻하는 글자입니다.

[부수] 一　[획수] 총 3획　[쓰는 순서] 三 三 三

석 삼

小 작을 소

작은 구슬이 바닥에 놓여 있는 모습으로, '작다'를 뜻하는 글자입니다.

[부수] 小　[획수] 총 3획　[쓰는 순서] 小 小 小

작을 소

뜻이 반대인 한자 大 큰 대　**소리가 같은 한자** 少 적을 소, 所 바 소

공부한 날짜 ☐월 ☐일

 아래 글자가 만들어지는 과정을 보고 마지막에 들어갈 한자를 보기에서 골라 빈칸에 써 보세요.

보기   三   小

 아래 한자를 따라 쓰고, 어휘의 뜻과 활용을 읽어 보세요.

三
- 국어: 三(석 삼) 寸(마디 촌)
  - 뜻 아버지의 형제를 이르는 말.
  - 활용 삼촌은 나보다 키가 커요.
- 사회: 三(석 삼) 國(나라 국)
  - 뜻 세 나라.
  - 활용 삼국 시대는 고구려, 백제, 신라가 있던 시대예요.

小
- 국어: 小(작을 소) 心(마음 심)
  - 뜻 작은 것까지 신경 쓸 정도로 조심하는 마음.
  - 활용 나는 성격이 소심한 편이에요.
- 국어: 小(작을 소) 形(모양 형)
  - 뜻 사물의 작은 형체.
  - 활용 동생은 소형 마스크를 써요.

[1~2] 다음 밑줄 친 말에 해당하는 漢字(한자)를 보기에서 찾아 그 번호를 쓰세요.

보기
① 小   ② 三

1. 만두 세 개를 먹었습니다. (   )

2. 바닥에 작은 구슬이 떨어져 있습니다. (   )

[3~4] 다음 漢字(한자)의 음(音: 소리)을 보기에서 찾아 그 번호를 쓰세요.

보기
① 삼   ② 소

3. 三 (   )
4. 小 (   )

[5~6] 다음 漢字(한자)의 진하게 표시한 획은 몇 번째 쓰는지 보기에서 찾아 그 번호를 쓰세요.

보기
① 첫 번째   ② 두 번째   ③ 세 번째

5. 小 (   )   6. 二 (   )

 앞에서 배운 한자를 다시 써 보며 확인하세요.

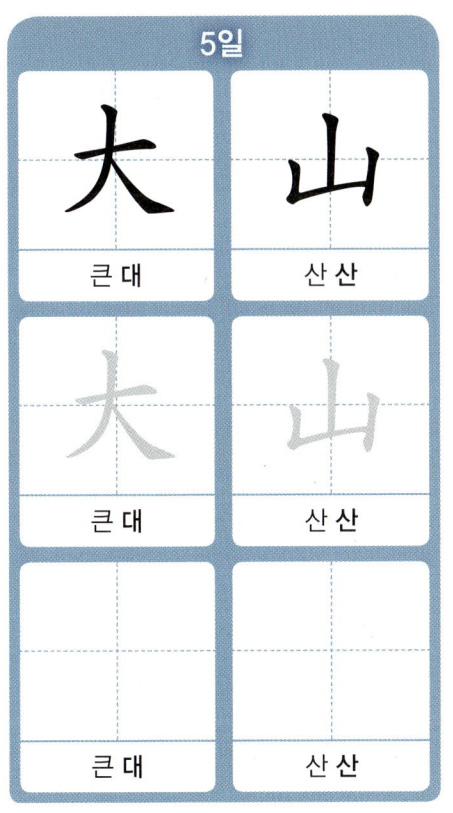

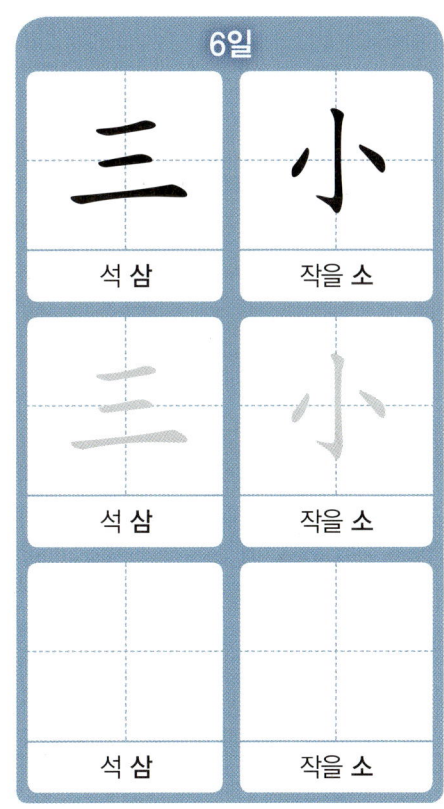

 내일 배울 한자를 소개합니다!

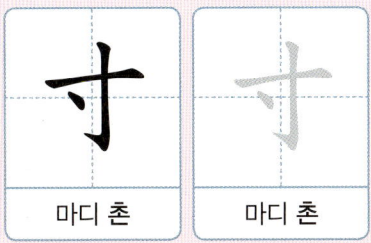

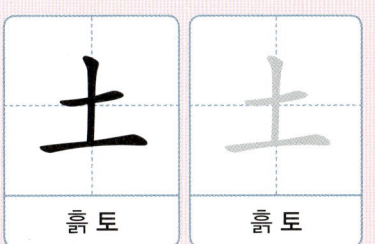

뜻이 반대인 한자로 이루어진 단어가 있다고요?

한자 단어 중에는 뜻이 서로 반대인 한자가 모여서 만들어진 것들이 있어요. '대소(大小)'라는 단어는 '大(큰 대)'와 '小(작을 소)'가 합쳐진 것으로, '크고 작음'이라는 뜻이에요. 또, 각 한자에 다른 글자를 붙여서 '大人(대인)', '小人(소인)'과 같은 단어를 만들어도 뜻이 서로 반대가 된답니다.

7일

寸 마디 촌

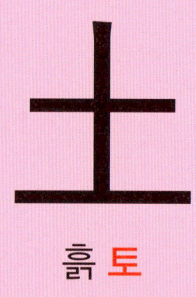
土 흙 토

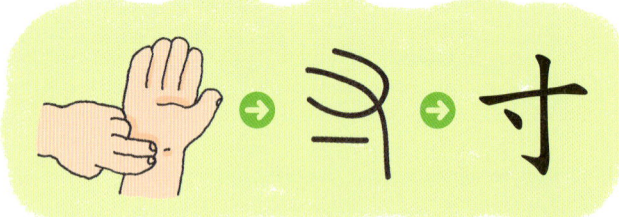

손목에서 맥박이 뛰는 부분을 표시한 모습으로, 길이의 단위인 '**마디**'를 뜻하는 글자입니다.

[부수] 寸　[획수] 총 3획　[쓰는 순서] 寸 寸 寸

寸	寸					
마디 촌	마디 촌					

소리가 같은 한자 村 마을 촌

땅 위에 흙덩이가 쌓인 모습으로, '**흙, 땅**'을 뜻하는 글자입니다.

[부수] 土　[획수] 총 3획　[쓰는 순서] 土 土 土

土	土					
흙 토	흙 토					

뜻이 비슷한 한자 地 땅 지　　**뜻이 반대인 한자** 天 하늘 천

공부한 날짜 　월 　일

 아래 한자의 알맞은 뜻과 음을 따라가며 미로를 통과해 보세요.

 아래 한자를 따라 쓰고, 어휘의 뜻과 활용을 읽어 보세요.

寸

국어 | 四寸 (넉 사, 마디 촌)
뜻 아버지의 형제자매의 아들이나 딸과의 촌수.
활용 명절에 **사촌**들을 만났어요.

사회 | 寸數 (마디 촌, 셈 수)
뜻 친족 사이의 멀고 가까운 정도를 나타내는 수.
활용 부모님과 나는 **촌수**가 가까워요.

土

사회 | 國土 (나라 국, 흙 토)
뜻 나라의 땅.
활용 우리나라는 **국토**의 반 이상이 산이에요.

미술 | 黃土色 (누를 황, 흙 토, 빛 색)
뜻 황토의 빛깔과 같은 밝은 황갈색.
활용 **황토색** 크레파스로 그림을 색칠했어요.

37

실전문제 풀기

[1~2] 다음 글의 ( ) 안에 있는 漢字(한자)의 讀音(독음: 읽는 소리)을 쓰세요.

> 보기
> (音) → 음

1. 사(寸) 언니와 (   )
2. (土)요일에 만납니다. (   )

[3~4] 다음 漢字(한자)의 훈(訓: 뜻)을 보기에서 찾아 그 번호를 쓰세요.

> 보기
> ① 마디   ② 흙

3. 土 (   )
4. 寸 (   )

[5~6] 다음 漢字(한자)의 진하게 표시한 획은 몇 번째 쓰는지 보기에서 찾아 그 번호를 쓰세요.

> 보기
> ① 첫 번째   ② 두 번째   ③ 세 번째

5. 寸 (   ) 6. 土 (   )

 앞에서 배운 한자를 다시 써 보며 확인하세요.

7일 학습 끝!
붙임 딱지 붙여요.

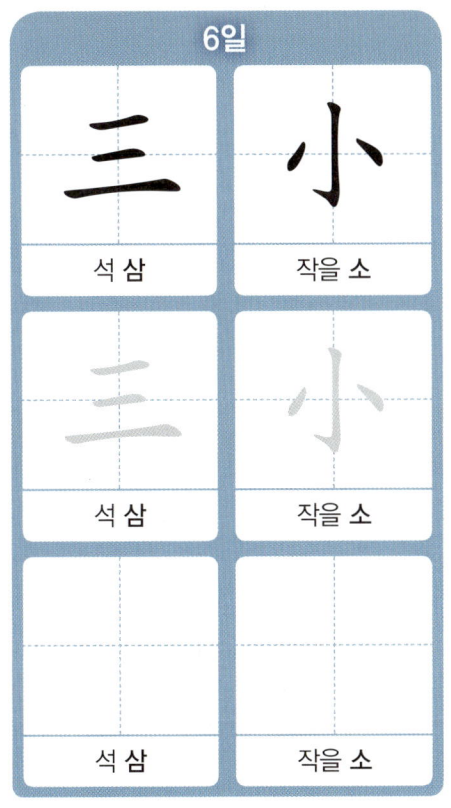

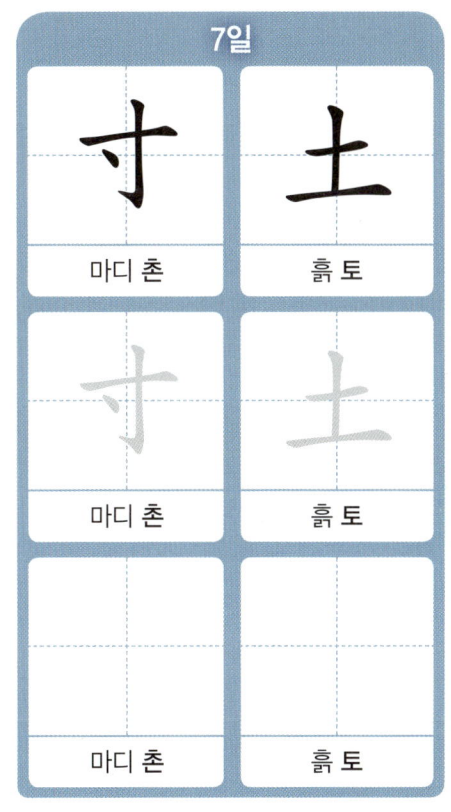

 내일 배울 한자를 소개합니다!

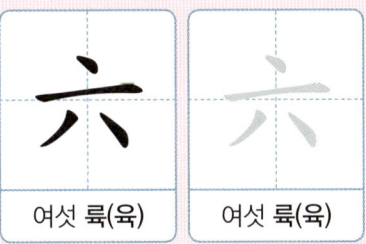

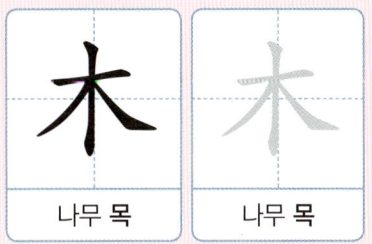

생활 속 한자 상식

'寸'이 길이를 재는 기준이라고요?

'寸(마디 촌)'은 손목에서 맥박이 뛰는 자리까지의 길이를 의미해요. 그 길이는 손가락 한 마디 정도인 약 3cm예요. 옛날에는 길이를 재는 자가 없어서 '寸'을 길이의 기준으로 삼았어요. 특히 사람 사이의 거리를 나타낼 때도 몇 촌이라고 말했어요. 그래서 부모님과 나는 1촌, 나와 형제자매는 2촌이 된답니다.

8일

六 여섯 륙(육)

木 나무 목

지붕 아래에서 양손을 세 손가락씩 펼쳐 내민 모습으로, '여섯'을 뜻하는 글자입니다.

[부수] 八　[획수] 총 4획　[쓰는 순서] 六 六 六 六

六
여섯 륙(육)

나뭇가지와 줄기, 뿌리를 그린 모습으로, '나무'를 뜻하는 글자입니다.

[부수] 木　[획수] 총 4획　[쓰는 순서] 木 木 木 木

木
나무 목

뜻이 비슷한 한자 樹 나무 수　　**소리가 같은 한자** 目 눈 목

공부한 날짜 ☐월 ☐일

 **아래 한자에 연결된 그림, 뜻, 음 중에서 잘못된 것을 골라 ×표 하고, 바르게 고쳐 쓰세요.**

 **아래 한자를 따라 쓰고, 어휘의 뜻과 활용을 읽어 보세요.**

六
- 과학 | 六角 | 여섯 륙(육) 뿔 각
  - 뜻 여섯 개의 선과 각으로 이루어진 도형.
  - 활용 벌집은 육각 모양으로 생겼어요.
- 미술 | 六十 | 여섯 륙(육) 열 십
  - 뜻 십의 여섯 배가 되는 수.
  - 활용 새로 산 색연필은 육십 가지 색이에요.

木
- 국어 | 木手 | 나무 목 손 수
  - 뜻 나무로 집을 짓거나 가구 등을 만드는 사람.
  - 활용 우리 옆집 아저씨는 목수예요.
- 미술 | 木工 | 나무 목 장인 공
  - 뜻 나무를 다루어서 물건을 만드는 일.
  - 활용 아빠는 취미로 목공 일을 배워요.

41

실전문제 풀기

[1~2] 다음 밑줄 친 말에 해당하는 漢字(한자)를 보기에서 찾아 그 번호를 쓰세요.

보기
① 六   ② 木

1. 나무에 열매가 열렸습니다. (   )
2. 우리 가족은 여섯 명입니다. (   )

[3~4] 다음 漢字(한자)의 음(음: 소리)을 보기에서 찾아 그 번호를 쓰세요.

보기
① 목   ② 륙

3. 六 (   )
4. 木 (   )

[5~6] 다음 漢字(한자)의 진하게 표시한 획은 몇 번째 쓰는지 보기에서 찾아 그 번호를 쓰세요.

보기
① 첫 번째   ② 두 번째   ③ 세 번째   ④ 네 번째

5. 木 (   )   6. 六 (   )

 앞에서 배운 한자를 다시 써 보며 확인하세요.

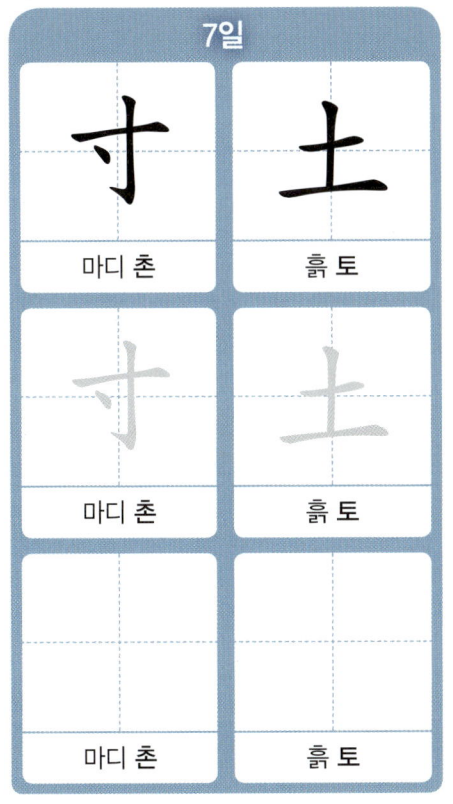

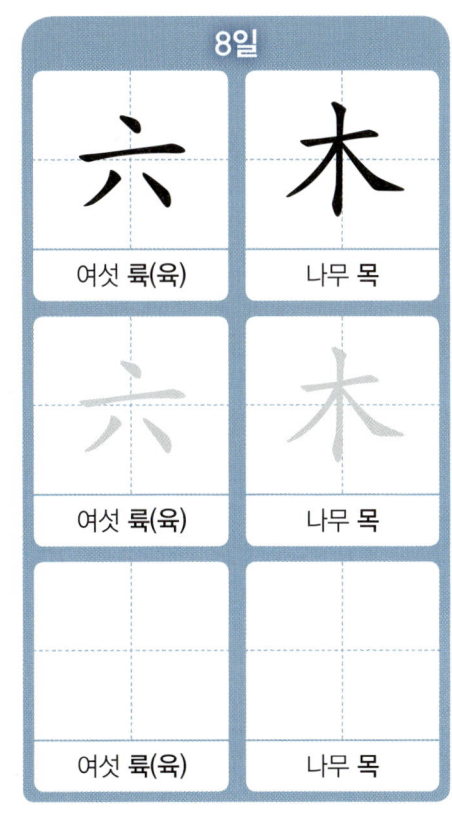

 내일 배울 한자를 소개합니다!

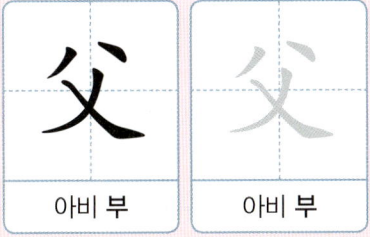

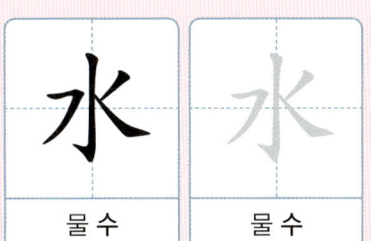

생활 속 한자 상식

식목일은 무슨 날일까요?

4월 5일은 식목일(植木日)이에요. 나무를[木, 나무 목] 심는[植, 심을 식] 날[日, 날 일]이라는 뜻이지요. 4월은 바람이 선선하고 햇볕이 따스해서 나무를 심기 좋아요. 식목일에는 새로운 나무를 심거나, 예전에 심어 놓은 나무를 가꾸어도 된답니다.

9일

父 아비 부

손에 막대기를 들고 지시하는 모습으로, 집안을 거느리던 '아버지'를 뜻하는 글자입니다.

[부수] 父　[획수] 총 4획　[쓰는 순서] 父 父 父 父

父	父					
아비 부	아비 부					

뜻이 반대인 한자　母 어미 모, 子 아들 자

水 물 수

강물이 양쪽으로 튀며 흐르는 모습으로, '물'을 뜻하는 글자입니다.

[부수] 水　[획수] 총 4획　[쓰는 순서] 水 水 水 水

水	水					
물 수	물 수					

뜻이 반대인 한자　火 불 화　　**소리가 같은 한자**　手 손 수, 數 셈 수

공부한 날짜 □월 □일

 **아래 그림에서 '아버지'와 '물'을 뜻하는 한자를 각각 찾아 색칠해 보세요.**

 **아래 한자를 따라 쓰고, 어휘의 뜻과 활용을 읽어 보세요.**

父

국어	父 아비 부	女 여자 녀(여)

뜻 아버지와 딸.
활용 아빠와 여동생은 **부녀** 사이가 좋아요.

국어	父 아비 부	母 어미 모

뜻 아버지와 어머니.
활용 나는 **부모**님께 효도할 거예요.

水

국어	生 날 생	水 물 수

뜻 샘구멍에서 솟아 나온 맑은 물.
활용 편의점에서 **생수**를 샀어요.

체육	水 물 수	中 가운데 중

뜻 물의 가운데.
활용 누나는 **수중** 발레를 배워요.

실전문제 풀기

[1~2] 다음 글의 ( ) 안에 있는 漢字(한자)의 讀音(독음: 읽는 소리)을 쓰세요.

보기
(音) → 음

1. (父)모님과 함께 (   )
2. (水)영장에 갔습니다. (   )

[3~4] 다음 밑줄 친 말에 해당하는 漢字(한자)를 보기에서 찾아 그 번호를 쓰세요.

보기
① 水   ② 父

3. 목이 말라서 물을 마셨습니다. (   )
4. 아버지는 토마토를 좋아합니다. (   )

[5~6] 다음 漢字(한자)의 진하게 표시한 획은 몇 번째 쓰는지 보기에서 찾아 그 번호를 쓰세요.

보기
① 첫 번째   ② 두 번째   ③ 세 번째   ④ 네 번째

5. 水 (   )
6. 父 (   )

⭐ 앞에서 배운 한자를 다시 써 보며 확인하세요.

9일 학습 끝!
붙임 딱지 붙여요.

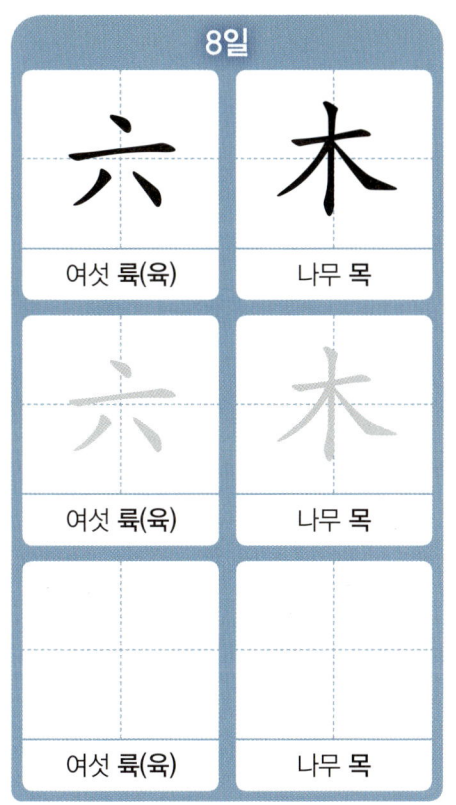
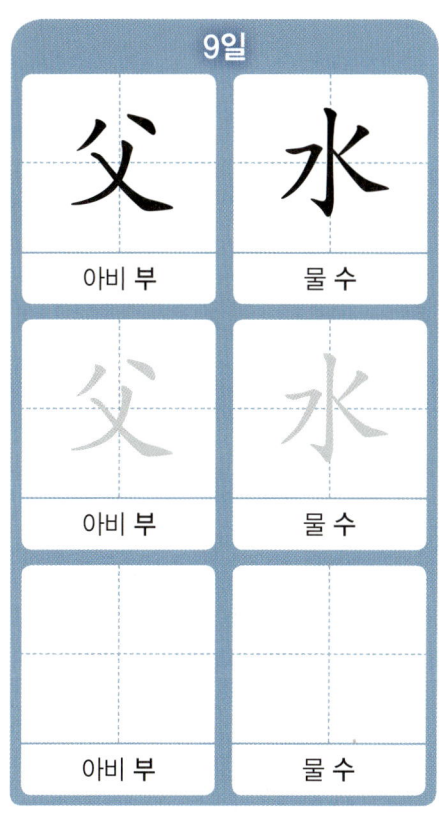

⭐ 내일 배울 한자를 소개합니다!

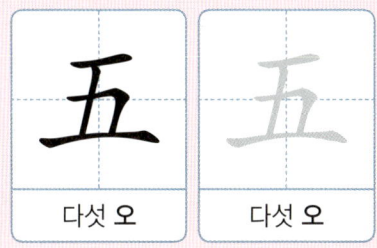
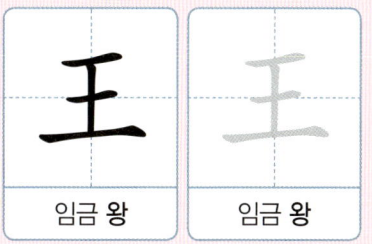

어버이날은 무슨 날일까요?

아버지와 어머니를 '부모(父母)'라고 해요. 또 다른 말로는 '어버이'라고도 하지요. 매년 5월 8일은 '어버이날'로 정해져 있는데, 이날은 우리에게 사랑을 듬뿍 주시는 부모님께 감사한 마음을 전하는 날이에요. 어버이날이 되면 부모님의 은혜에 감사하고 사랑하는 마음을 표현해 보세요.

10일

五 다섯 오

王 임금 왕

하늘과 땅 사이에 세상을 이루는 다섯 가지 재료인 나무, 불, 흙, 금, 물이 여기저기 엇갈려 있는 모습으로, '**다섯**'을 뜻하는 글자입니다.

[부수] 二 [획수] 총 4획 [쓰는 순서] 五 五 五 五

五	五				
다섯 오	다섯 오				

소리가 같은 한자 午 낮 오

하늘과 땅과 인간을 다스리는 임금의 모습으로, 최고 권력을 가진 '**임금, 왕**'을 뜻하는 글자입니다.

[부수] 玉 [획수] 총 4획 [쓰는 순서] 王 王 王 王

王	王				
임금 왕	임금 왕				

뜻이 반대인 한자 民 백성 민   **뜻이 비슷한 한자** 主 임금 주

 아래 설명대로 이동하면 마지막에 무엇을 만나는지 ○표 하세요.

오른쪽으로 六칸 ➔ 아래로 三칸 ➔ 왼쪽으로 五칸

 아래 한자를 따라 쓰고, 어휘의 뜻과 활용을 읽어 보세요.

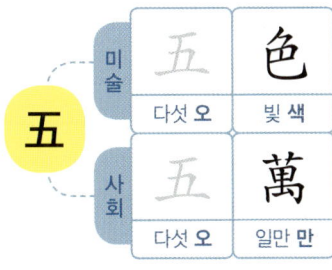

뜻 파랑, 노랑, 빨강, 하양, 검정이라는 다섯 가지 빛깔.
활용 오색 깃발을 직접 그렸어요.

뜻 매우 종류가 많은 여러 가지.
활용 책상 위에 오만 가지 물건이 있어요.

뜻 여자 임금.
활용 여왕개미는 일개미를 다스려요.

뜻 나라의 왕.
활용 국왕이 나라를 안정시켰어요.

실전문제 풀기

[1~2] 다음 밑줄 친 말에 해당하는 漢字(한자)를 보기에서 찾아 그 번호를 쓰세요.

보기
① 王   ② 五

1. 옛날에는 <u>임금</u>이 있었습니다. (   )

2. 냉장고에 달걀 <u>다섯</u> 개가 있습니다. (   )

[3~4] 다음 漢字(한자)의 훈(訓: 뜻)과 음(音: 소리)을 쓰세요.

보기
音 → 소리 음

3. 五 (   )
4. 王 (   )

[5~6] 다음 漢字(한자)의 훈(訓: 뜻)을 보기에서 찾아 그 번호를 쓰세요.

보기
① 다섯   ② 임금

5. 王 (   )
6. 五 (   )

 앞에서 배운 한자를 다시 써 보며 확인하세요.

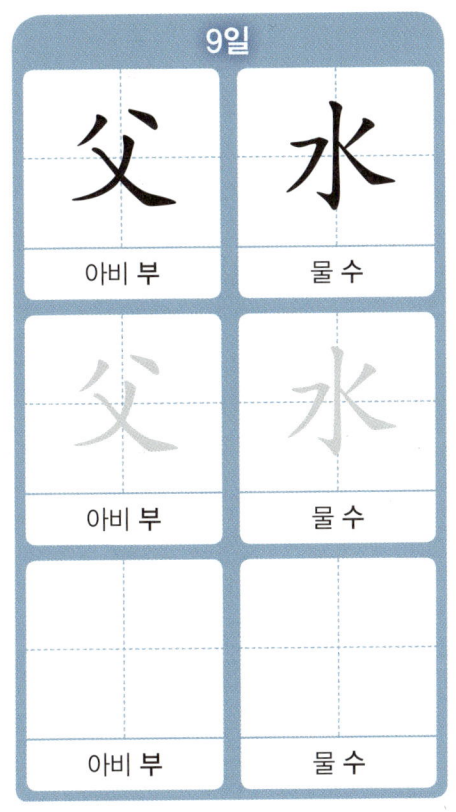

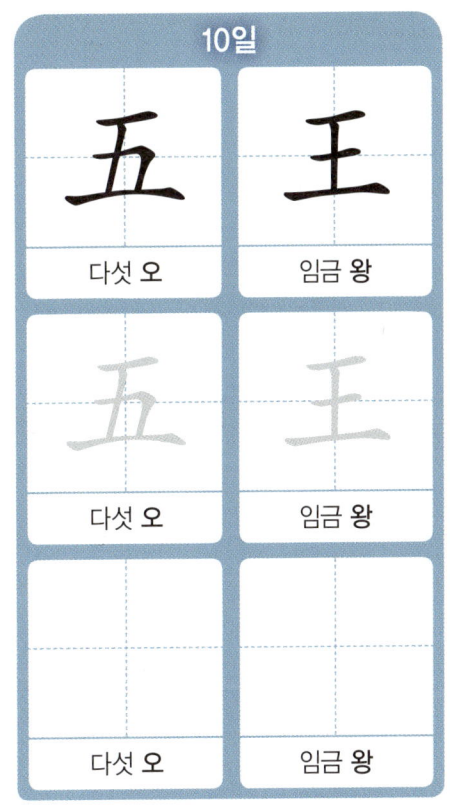

 내일 배울 한자를 소개합니다!

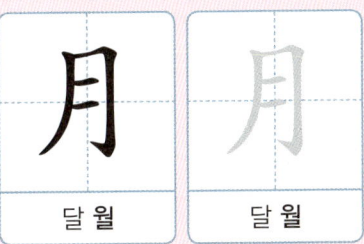

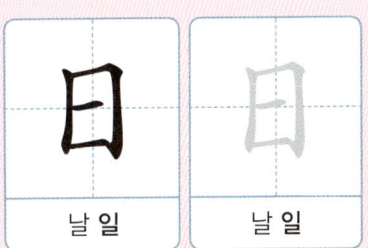

한자를 쉽게 기억하는 방법이 있다고요?

한자를 공부하다 보면 '五(다섯 오)'와 '王(임금 왕)'처럼 모양이 비슷한 한자를 볼 수 있어요. 모양이 비슷해서 뜻과 음이 헷갈릴 때는 한자가 만들어진 원리를 생각해 보세요. 五는 하늘과 땅 사이에 재료가 섞인 모습이고, 王은 임금의 모습이라고 생각하면 한자를 쉽게 기억할 수 있답니다.

11일

月 달 **월**

日 날 **일**

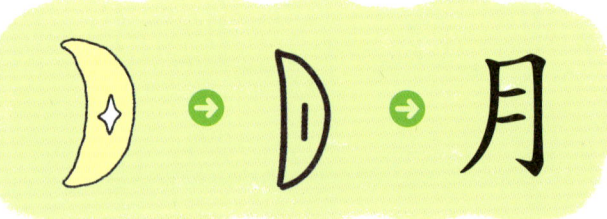

초승달을 그린 모습으로, '**달**'을 뜻하는 글자입니다.

[부수] 月　[획수] 총 4획　[쓰는 순서] 月 月 月 月

달 월

뜻이 반대인 한자　日 날 일

해가 떠 있는 모습으로, 해가 뜨면 시작되는 '**날, 해**'를 뜻하는 글자입니다.

[부수] 日　[획수] 총 4획　[쓰는 순서] 日 日 日 日

날 일

뜻이 반대인 한자　月 달 월　　소리가 같은 한자　一 한 일

공부한 날짜 ☐월 ☐일

 아래 뜻과 음에 알맞은 한자를 보기 에서 골라 빈칸에 써 보세요.

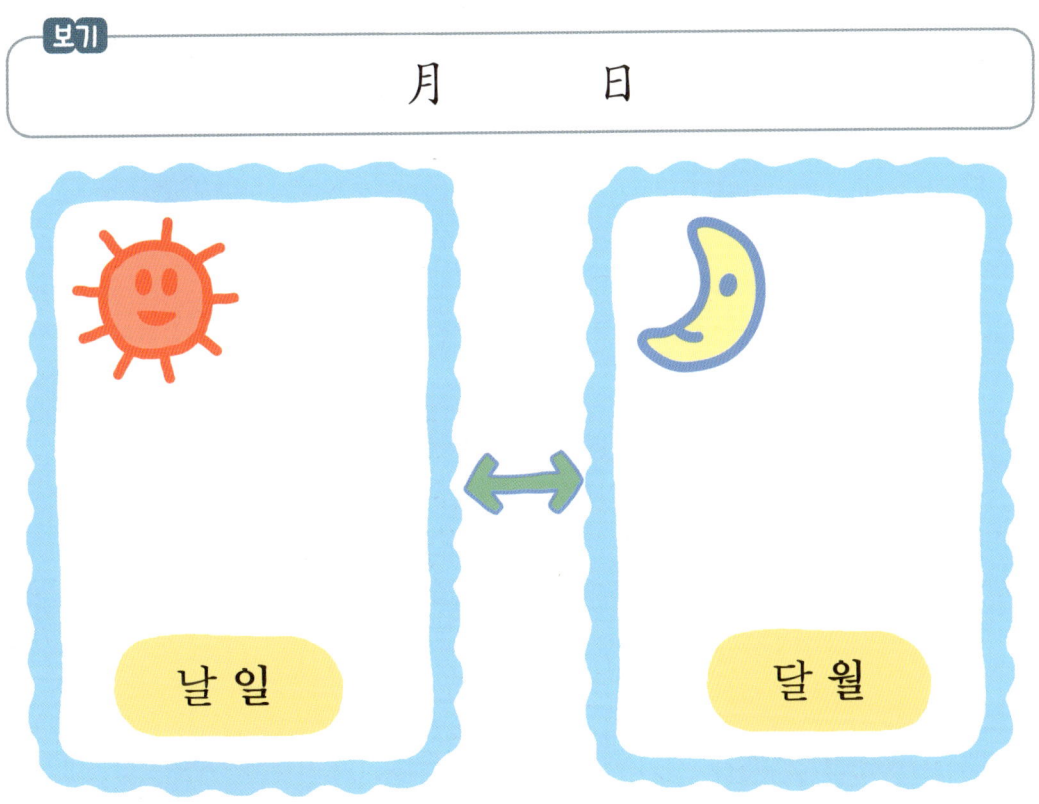

 아래 한자를 따라 쓰고, 어휘의 뜻과 활용을 읽어 보세요.

月

국어: 月 曜 日 (달 월 / 빛날 요 / 날 일)
- 뜻 한 주가 시작하는 기준이 되는 날.
- 활용 상쾌한 **월요일** 아침이에요.

사회: 每 月 (매양 매 / 달 월)
- 뜻 한 달 한 달.
- 활용 **매월** 1일에 용돈을 받아요.

日

국어: 日 記 (날 일 / 기록할 기)
- 뜻 날마다 그날그날 겪은 일이나 생각 등을 적는 기록.
- 활용 **일기**를 쓰고 잠자리에 들었어요.

체육: 來 日 (올 래(내) / 날 일)
- 뜻 오늘의 바로 다음 날.
- 활용 **내일**은 운동회를 하는 날이에요.

실전문제 풀기

[1~2] 다음 글의 ( ) 안에 있는 漢字(한자)의 讀音(독음: 읽는 소리)을 쓰세요.

> 보기
>
> (音) → 음

1. (月)요일 저녁에 (   )
2. (日)기를 썼습니다. (   )

[3~4] 다음 밑줄 친 말에 해당하는 漢字(한자)를 보기 에서 찾아 그 번호를 쓰세요.

> 보기
>
> ① 日   ② 月

3. 밤하늘에 달이 떴습니다. (   )
4. 오늘은 행복한 날입니다. (   )

[5~6] 다음 漢字(한자)의 진하게 표시한 획은 몇 번째 쓰는지 보기 에서 찾아 그 번호를 쓰세요.

> 보기
>
> ① 첫 번째   ② 두 번째   ③ 세 번째   ④ 네 번째

5. 日 (   )   6. 月 (   )

 앞에서 배운 한자를 다시 써 보며 확인하세요.

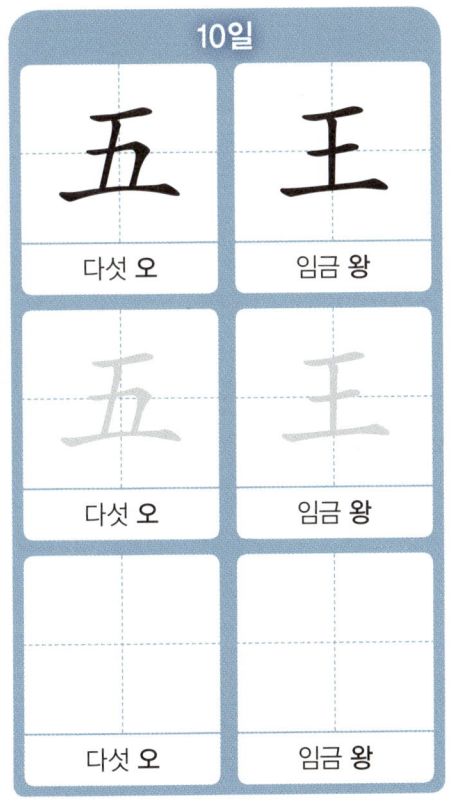

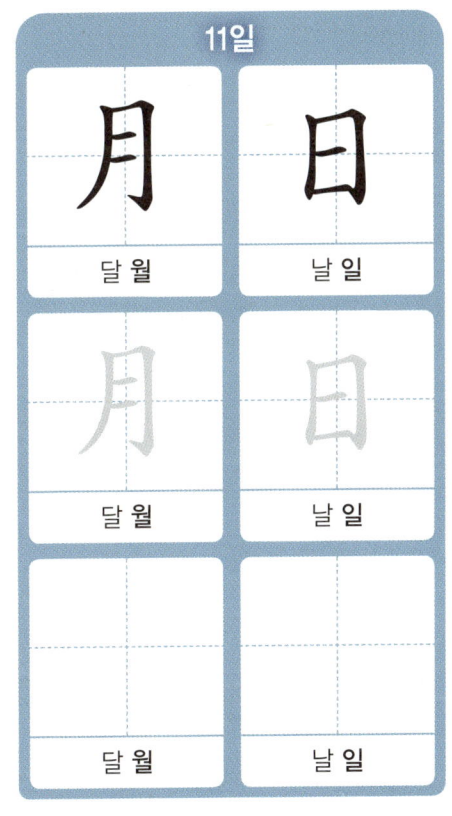

 내일 배울 한자를 소개합니다!

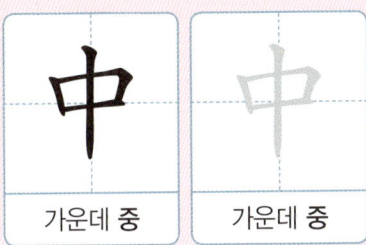
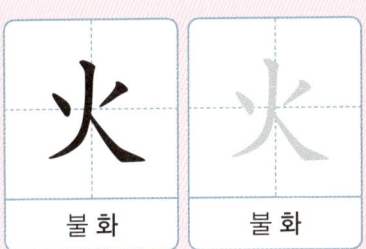

한자를 만드는 원리 - 회의

해를 그린 '日(날 일)'과 달을 그린 '月(달 월)'이 만나면 어떻게 될까요? 바로 '明(밝을 명)'이라는 한자가 만들어져요. 해와 달처럼 빛이 밝다는 뜻으로 사용하지요. 이처럼 한자를 만들 때, 원래 있던 한자의 모양과 뜻을 합쳐 새로운 한자를 만들기도 했어요. 이렇게 한자를 만드는 원리를 '회의'라고 한답니다.

12일

中 가운데 중

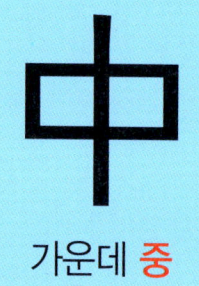

한 지역의 가운데에 깃발을 꽂은 모습으로, **'가운데'**를 뜻하는 글자입니다.

[부수]丨　[획수] 총 4획　[쓰는 순서] 中 中 中 中

中	中					
가운데 중	가운데 중					

뜻이 반대인 한자 外 바깥 외　　**소리가 같은 한자** 重 무거울 중

火 불 화

불이 활활 타오르는 모습으로, **'불'**을 뜻하는 글자입니다.

[부수] 火　[획수] 총 4획　[쓰는 순서] 火 火 火 火

火	火					
불 화	불 화					

뜻이 반대인 한자 水 물 수　　**소리가 같은 한자** 話 말씀 화, 花 꽃 화

 **아래 그림을 보고 뜻과 음에 알맞은 한자를 빈칸에 써 보세요.**

가운데 중

불 화

 **아래 한자를 따라 쓰고, 어휘의 뜻과 활용을 읽어 보세요.**

中

국어	中 間
	가운데 중 / 사이 간

뜻 두 사물이나 크기, 시간 등의 가운데.
활용 수업 중간에 종이 울렸어요.

체육	中 心
	가운데 중 / 마음 심

뜻 사물의 한가운데.
활용 과녁의 중심을 향해 화살을 쐈어요.

火

과학	火 力
	불 화 / 힘 력(역)

뜻 불이 탈 때 내는 열의 힘.
활용 우리 집 가스레인지는 화력이 세요.

과학	火 災
	불 화 / 재앙 재

뜻 불이 나는 재앙.
활용 화재는 미리 예방하는 것이 중요해요.

실전문제 풀기

[1~2] 다음 글의 ( ) 안에 있는 漢字(한자)의 讀音(독음: 읽는 소리)을 쓰세요.

> 보기
>
> (音) → 음

1. (火)산의 (   )

2. (中)심에 호수가 생겼어요. (   )

[3~4] 다음 밑줄 친 말에 해당하는 漢字(한자)를 보기에서 찾아 그 번호를 쓰세요.

> 보기
>
> ① 中   ② 火

3. 산에 불이 났습니다. (   )

4. 교실 가운데에 모두 모여 앉았습니다. (   )

[5~6] 다음 漢字(한자)의 훈(訓: 뜻)과 음(音: 소리)을 쓰세요.

> 보기
>
> 音 → 소리 음

5. 中 (   )

6. 火 (   )

 앞에서 배운 한자를 다시 써 보며 확인하세요.

12일
학습 끝!

붙임 딱지 붙여요.

11일

月	日
달 월	날 일
月	日
달 월	날 일
달 월	날 일

12일

中	火
가운데 중	불 화
中	火
가운데 중	불 화
가운데 중	불 화

 내일 배울 한자를 소개합니다!

母	母	民	民
어미 모	어미 모	백성 민	백성 민

생활 속 한자 상식

요일을 나타내는 한자를 알아볼까요?

일주일의 각 날을 의미하는 '요일'은 모두 한자로 이루어져 있어요. 각각 어떤 뜻을 가진 한자인지 살펴보세요.

月	火	水	木	金	土	日
달 월	불 화	물 수	나무 목	쇠 금	흙 토	날 일

13일

母 어미 모

아기를 안고 젖을 먹이는 어머니의 모습으로, '**어미**'를 뜻하는 글자입니다.

[부수] 母　[획수] 총 5획　[쓰는 순서] 母 母 母 母 母

어미 모

뜻이 반대인 한자  아비 부

民 백성 민

눈을 크게 뜨고 열심히 일하는 백성의 모습으로, '**백성**'을 뜻하는 글자입니다.

[부수] 氏　[획수] 총 5획　[쓰는 순서] 民 民 民 民 民

백성 민

뜻이 반대인 한자  임금 왕

공부한 날짜 [ ]월 [ ]일

 아래 한자의 알맞은 뜻과 음을 선으로 연결해 보세요.

 아래 한자를 따라 쓰고, 어휘의 뜻과 활용을 읽어 보세요.

母

| 국어 | 母 어미 모 | 女 여자 녀(여) |

뜻 어머니와 딸.
활용 우리 모녀는 얼굴이 닮았어요.

| 국어 | 母 어미 모 | 子 아들 자 |

뜻 어머니와 아들.
활용 모자가 손을 잡고 걸어갔어요.

民

| 사회 | 農 농사 농 | 民 백성 민 |

뜻 농사짓는 일을 생업으로 삼는 사람.
활용 농민들은 열심히 농사를 지었어요.

| 사회 | 民 백성 민 | 族 겨레 족 |

뜻 일정한 지역에서 오랫동안 함께 생활하며 만들어진 사회 집단.
활용 우리 민족은 정이 많아요.

61

실전문제 풀기

[1~2] 다음 漢字(한자)의 음(음: 소리)을 보기에서 찾아 그 번호를 쓰세요.

보기
① 모   ② 민

1. 母 (   )

2. 民 (   )

[3~4] 다음 밑줄 친 말에 해당하는 漢字(한자)를 보기에서 찾아 그 번호를 쓰세요.

보기
① 母   ② 民

3. 왕이 <u>백성</u>을 잘 다스립니다. (   )

4. <u>어머니</u>와 아버지를 따라 영화관에 갔습니다. (   )

[5~6] 다음 漢字(한자)의 진하게 표시한 획은 몇 번째 쓰는지 보기에서 찾아 그 번호를 쓰세요.

보기
① 두 번째   ② 세 번째   ③ 네 번째   ④ 다섯 번째

5. 母 (   )

6. 民 (   )

13일
학습 끝!

붙임 딱지 붙여요.

⭐ 앞에서 배운 한자를 다시 써 보며 확인하세요.

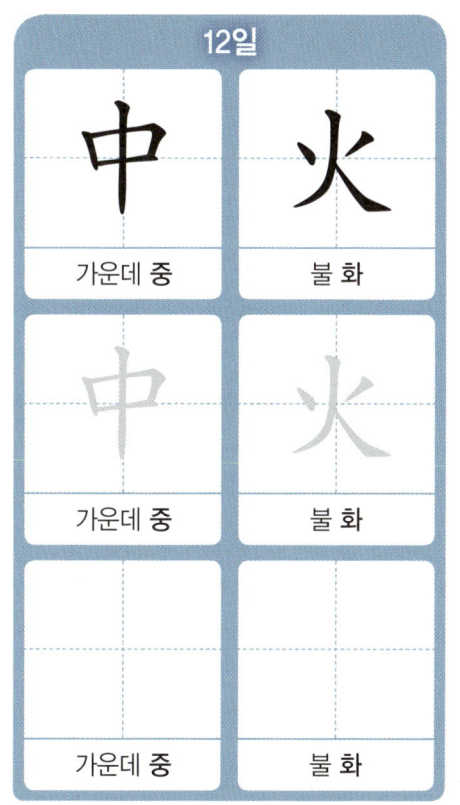

⭐ 내일 배울 한자를 소개합니다!

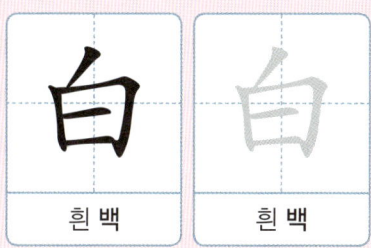

생활 속 한자 상식

'부수'란 무엇일까요?

한자를 공부하다 보면, 서로 같은 모양이 들어가 있는 한자를 볼 수 있어요. 이처럼 한자에서 공통으로 볼 수 있는 부분을 '부수'라고 해요. 부수는 주로 한자의 뜻과 관련이 있어요. '三(석 삼)'의 부수는 '一(한 일)'인데, 부수를 보고 '三'이 숫자와 관련된 뜻이라는 것을 알 수 있답니다.

14일

흰 **백**

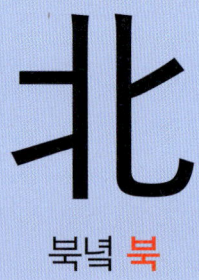
북녘 **북**

햇빛이 하얗게 빛나는 모습으로, **'희다'**를 뜻하는 글자입니다.

[부수] 白	[획수] 총 5획	[쓰는 순서] 白 白 白 白 白

白	白				
흰 백	흰 백				

소리가 같은 한자 百 일백 **백**

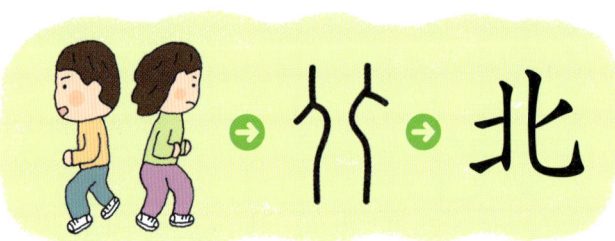

두 사람이 서로 등지고 멀리 달아나는 모습으로, 먼 곳인 **'북녘, 북쪽'**을 뜻하는 글자입니다. **'달아나다'**를 뜻할 때는 **'배'**라고 읽어요.

[부수] 匕	[획수] 총 5획	[쓰는 순서] 北 北 北 北 北

北	北				
북녘 북	북녘 북				

뜻이 반대인 한자 南 남녘 **남**

공부한 날짜 □월 □일

 아래 뜻과 음에 알맞은 한자를 골라 ○표 하세요.

 아래 한자를 따라 쓰고, 어휘의 뜻과 활용을 읽어 보세요.

白

| 미술 | 白 흰 백 | 色 빛 색 |

뜻 눈이나 우유의 빛깔과 같이 밝고 선명한 색.
활용 눈이 온 세상을 백색으로 만들었어요.

| 사회 | 白 흰 백 | 人 사람 인 |

뜻 백색 인종에 속하는 사람.
활용 내 친구는 백인이에요.

北

| 과학 | 北 북녘 북 | 風 바람 풍 |

뜻 북쪽에서 불어오는 바람.
활용 겨울에는 북풍이 세차게 불어요.

| 사회 | 南 남녘 남 | 北 북녘 북 |

뜻 남쪽과 북쪽.
활용 우리 민족은 남북으로 갈라졌어요.

65

실전문제 풀기

[1~2] 다음 글의 ( ) 안에 있는 漢字(한자)의 讀音(독음: 읽는 소리)을 쓰세요.

> 보기
> (音) → 음

1. (北)극이 (   )
2. (白)색 눈으로 뒤덮였습니다. (   )

[3~4] 다음 훈(訓: 뜻)이나 음(音: 소리)에 알맞은 漢字(한자)를 보기에서 찾아 그 번호를 쓰세요.

> 보기
> ① 白   ② 北

3. 북녘 (   )
4. 백 (   )

[5~6] 다음 漢字(한자)의 진하게 표시한 획은 몇 번째 쓰는지 보기에서 찾아 그 번호를 쓰세요.

> 보기
> ① 두 번째   ② 세 번째   ③ 네 번째   ④ 다섯 번째

5.  (   )   6.  (   )

 앞에서 배운 한자를 다시 써 보며 확인하세요.

 내일 배울 한자를 소개합니다!

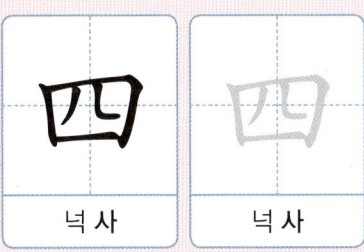

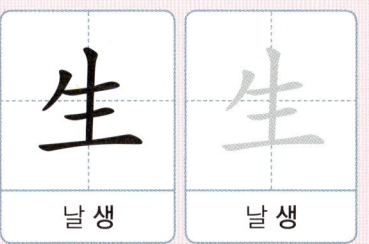

남과 북으로 갈라진 한반도

우리가 사는 한반도는 옛날에 일어난 전쟁 때문에 남북(南北)으로 갈라졌어요. 그래서 남쪽은 대한민국이 되고, 북쪽은 북한이 되었지요. 두 나라는 같은 민족이고 같은 말을 사용하지만, 전쟁으로 인해 떨어져 살게 된 거예요. 그때 가족과 헤어진 사람들은 여전히 가족을 그리워하며 살아간답니다.

15일

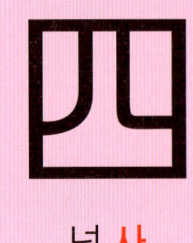
넉 사

날 생

나무 막대기 네 개를 옆으로 놓은 모습으로, '넷'을 뜻하는 글자입니다.

[부수] 口   [획수] 총 5획   [쓰는 순서] 四 四 四 四 四

四	四			
넉 사	넉 사			

소리가 같은 한자 事 일 사, 社 모일 사, 使 하여금 사

흙 속에서 싹이 위로 나오는 모습으로, '나다, 살다'를 뜻하는 글자입니다.

[부수] 生   [획수] 총 5획   [쓰는 순서] 生 生 生 生 生

生	生			
날 생	날 생			

뜻이 비슷한 한자 出 날 출   **뜻이 반대인 한자** 死 죽을 사

공부한 날짜 ☐월 ☐일

 **아래 뜻과 음에 알맞은 한자를 따라가며 미로를 통과해 보세요.**

 **아래 한자를 따라 쓰고, 어휘의 뜻과 활용을 읽어 보세요.**

四

| 국어 | 四 넉 사 | 方 모 방 |

뜻 동, 서, 남, 북 네 방위를 통틀어 이르는 말.
활용 사방을 둘러보며 길을 찾았어요.

| 사회 | 四 넉 사 | 十 열 십 |

뜻 십의 네 배가 되는 수.
활용 시계가 열 시 사십 분을 가리키고 있어요.

生

| 과학 | 生 날 생 | 命 목숨 명 |

뜻 사람이 살아서 숨 쉬고 활동할 수 있게 하는 일.
활용 작은 생명도 소중하게 다루어야 해요.

| 국어 | 生 날 생 | 日 날 일 |

뜻 세상에 태어난 날. 또는 태어난 날을 기념하는 날.
활용 친구에게 생일 선물을 받았어요.

실전문제 풀기

[1~2] 다음 밑줄 친 말에 해당하는 漢字(한자)를 보기에서 찾아 그 번호를 쓰세요.

보기
① 四　　② 生

1. 물고기 네 마리를 잡았습니다. (　　)
2. 흙에서 나온 새싹이 무럭무럭 자라납니다. (　　)

[3~4] 다음 漢字(한자)의 음(音: 소리)을 보기에서 찾아 그 번호를 쓰세요.

보기
① 사　　② 생

3. 生 (　　)
4. 四 (　　)

[5~6] 다음 漢字(한자)의 진하게 표시한 획은 몇 번째 쓰는지 보기에서 찾아 그 번호를 쓰세요.

보기
① 첫 번째　② 두 번째　③ 세 번째　④ 네 번째

5. 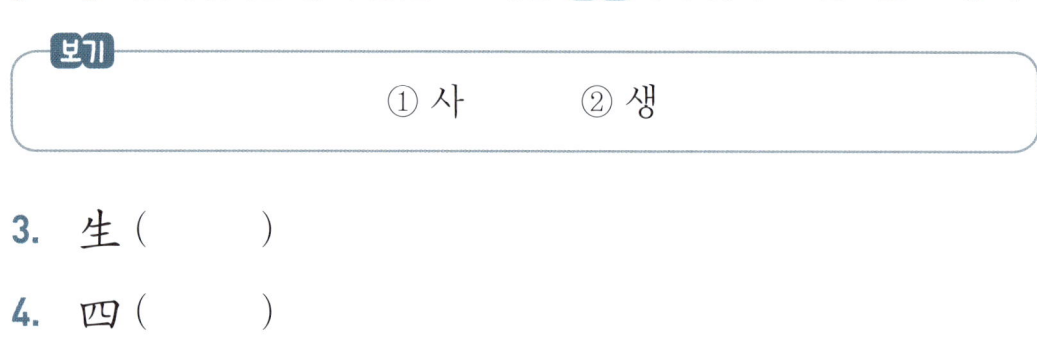 (　　)

6. 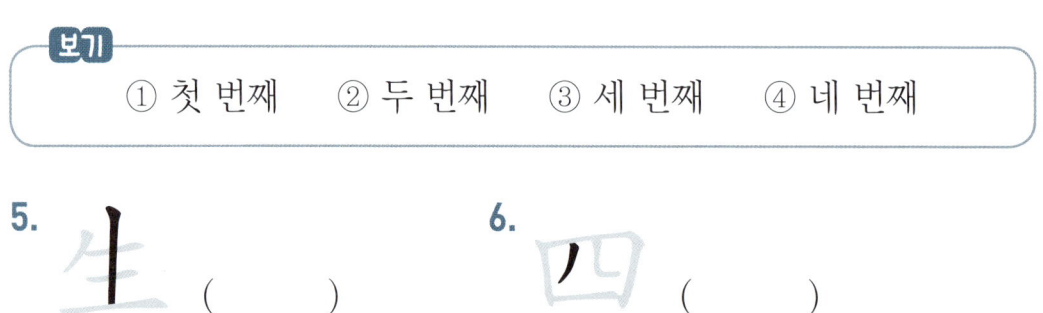 (　　)

⭐ 앞에서 배운 한자를 다시 써 보며 확인하세요.

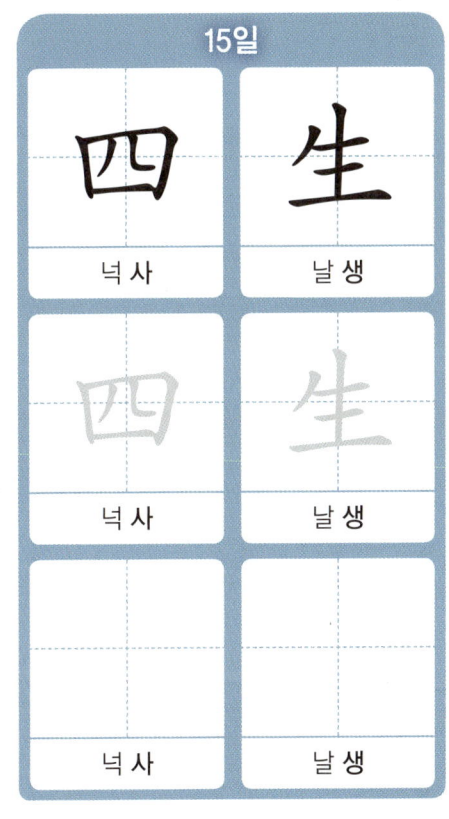

⭐ 내일 배울 한자를 소개합니다!

바깥 외   바깥 외   형 형   형 형

생활 속 한자 상식

사람들이 숫자 4를 싫어한다고요?

여러분은 좋아하는 숫자와 싫어하는 숫자가 있나요? 한국, 중국, 일본 사람들은 숫자 4를 싫어해요. 숫자 4의 발음이 죽음을 의미하는 '死(죽을 사)'와 같아서 안 좋은 일이 생길 것만 같기 때문이지요. 그래서 병원이나 호텔과 같은 곳에서는 4층을 아예 없애거나 알파벳 'F'를 대신 적어 놓기도 한답니다.

16일

外 바깥 외

兄 형 형

옛날 사람들이 거북의 등딱지를 두드려 점을 칠 때 바깥쪽이 갈라진 모습으로, '**바깥**'을 뜻하는 글자입니다.

[부수] 夕   [획수] 총 5획   [쓰는 순서] 外 外 外 外 外

外	外				
바깥 외	바깥 외				

뜻이 반대인 한자 内 안 내

형이 동생에게 입을 크게 벌리고 말하는 모습으로, '**형**'을 뜻하는 글자입니다.

[부수] 儿   [획수] 총 5획   [쓰는 순서] 兄 兄 兄 兄 兄

兄	兄				
형 형	형 형				

뜻이 반대인 한자 弟 아우 제

공부한 날짜   월   일

 아래 한자의 알맞은 뜻과 음을 순서대로 골라 선으로 연결해 보세요.

 아래 한자를 따라 쓰고, 어휘의 뜻과 활용을 읽어 보세요.

外

| 국어 | 外食 (바깥 외 / 먹을 식) |
뜻 집에서 직접 해 먹지 않고 밖에서 음식을 사 먹음.
활용 가족과 함께 외식했어요.

| 사회 | 外國 (바깥 외 / 나라 국) |
뜻 자기 나라가 아닌 다른 나라.
활용 오늘 외국 여행을 떠나요.

兄

| 국어 | 親兄 (친할 친 / 형 형) |
뜻 같은 부모에게서 난 형.
활용 사촌 형과 친형처럼 친하게 지내요.

| 국어 | 兄弟 (형 형 / 아우 제) |
뜻 형과 아우.
활용 우리 형제는 사이가 좋아요.

73

실전문제 풀기

[1~2] 다음 글의 ( ) 안에 있는 漢字(한자)의 讀音(독음: 읽는 소리)을 쓰세요.

> 보기
> (音) → 음

1. (兄)이 (   )

2. (外)국에서 돌아왔습니다. (   )

[3~4] 다음 밑줄 친 말에 해당하는 漢字(한자)를 보기에서 찾아 그 번호를 쓰세요.

> 보기
> ① 兄   ② 外

3. 창문 밖에 비가 내립니다. (   )

4. 형은 요리를 잘합니다. (   )

[5~6] 다음 漢字(한자)의 訓(훈: 뜻)과 音(음: 소리)을 쓰세요.

> 보기
> 音 → 소리 음

5. 外 (   )

6. 兄 (   )

⭐ 앞에서 배운 한자를 다시 써 보며 확인하세요.

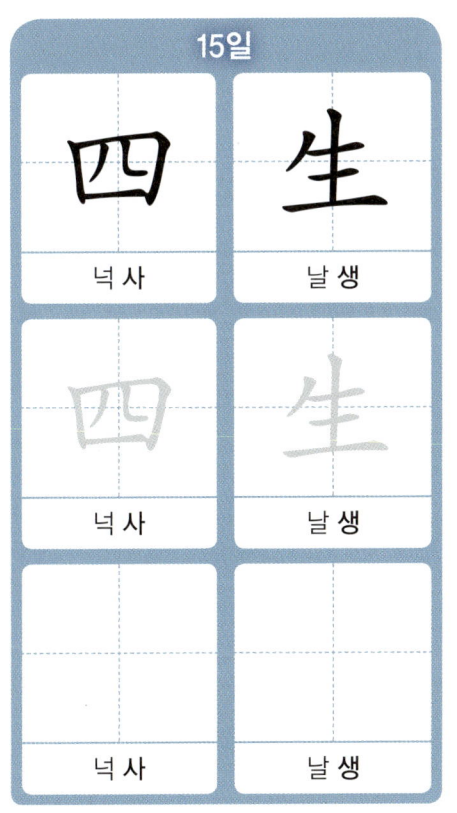

⭐ 내일 배울 한자를 소개합니다!

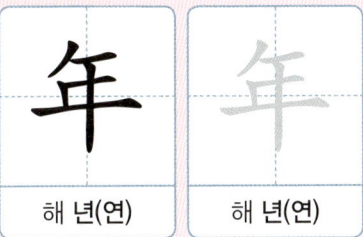

형제 관계를 나타내는 한자어를 알아볼까요?

'형제(兄弟)'는 형과 아우를 나타내는 말이지만, 형제와 자매, 남매를 모두 의미하기도 해요. 그럼, 형제 관계를 나타내는 한자어를 살펴볼까요?

- 자매(姉妹): 姉(손윗누이 자)와 妹(누이 매), 언니와 여동생.
- 남매(男妹): 男(사내 남)과 妹(누이 매), 오빠와 누이.

17일

年
해 년(연)

西
서녘 서

다 익은 벼를 도구로 수확하는 모습으로, 농사를 짓는 데 걸리는 시간인 한 '해'를 뜻하는 글자입니다.

[부수] 干　[획수] 총 6획　[쓰는 순서] 年 年 年 年 年 年

年	年				
해 년(연)	해 년(연)				

해가 진 저녁에 새가 둥지로 돌아와 앉은 모습으로, 해가 지는 방향인 '서녘, 서쪽'을 뜻하는 글자입니다.

[부수] 襾　[획수] 총 6획　[쓰는 순서] 西 西 西 西 西 西

西	西				
서녘 서	서녘 서				

뜻이 반대인 한자　東 동녘 동　　소리가 같은 한자　書 글 서

공부한 날짜   월   일

 아래 글자가 만들어지는 과정을 보고 마지막에 들어갈 한자를 보기에서 골라 빈칸에 써 보세요.

보기
西　　年

 아래 한자를 따라 쓰고, 어휘의 뜻과 활용을 읽어 보세요.

年
- 국어: 學(배울 학) 年(해 년(연))
  - 뜻: 일 년을 단위로 구분한 학교 교육의 단계.
  - 활용: 동생은 나보다 한 학년 아래예요.
- 사회: 新(새 신) 年(해 년(연))
  - 뜻: 새로 시작되는 해.
  - 활용: 신년에는 떡국을 먹어요.

西
- 사회: 西(서녘 서) 海(바다 해)
  - 뜻: 서쪽에 있는 바다.
  - 활용: 서해에 놀러 가서 조개를 잡았어요.
- 음악: 西(서녘 서) 洋(큰 바다 양)
  - 뜻: 유럽과 남북 아메리카의 여러 나라를 통틀어 이르는 말.
  - 활용: 한국 음악이 서양에서 인기가 많아요.

실전문제 풀기

[1~2] 다음 글의 ( ) 안에 있는 漢字(한자)의 讀音(독음: 읽는 소리)을 쓰세요.

> 보기
> (音) → 음

1. 소(年)은 (   )

2. (西)쪽 바다로 여행을 떠났습니다. (   )

[3~4] 다음 훈(訓: 뜻)이나 음(音: 소리)에 알맞은 漢字(한자)를 보기에서 찾아 그 번호를 쓰세요.

> 보기
> ① 西   ② 年

3. 서녘 (   )

4. 해 (   )

[5~6] 다음 漢字(한자)의 진하게 표시한 획은 몇 번째 쓰는지 보기에서 찾아 그 번호를 쓰세요.

> 보기
> ① 세 번째   ② 네 번째   ③ 다섯 번째   ④ 여섯 번째

5. 年 (   )

6. 西 (   )

 앞에서 배운 한자를 다시 써 보며 확인하세요.

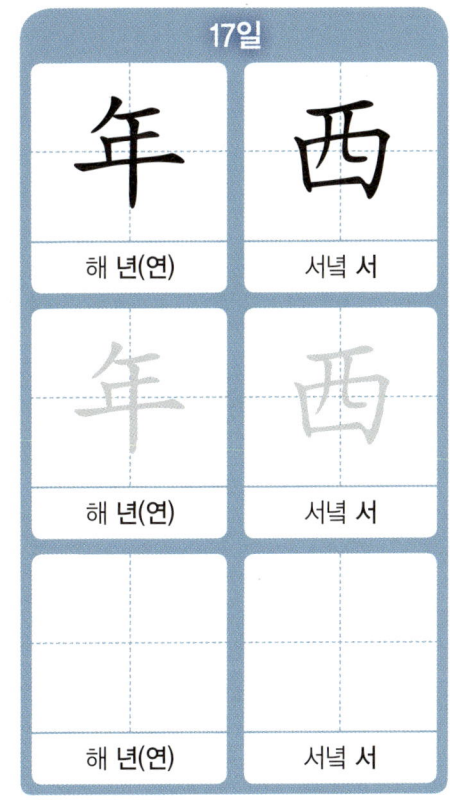

 내일 배울 한자를 소개합니다!

생활 속 한자 상식

나침반이 방향을 알려 준다고요?

 나침반(羅針盤)은 방향을 찾을 수 있게 도와주는 물건이에요. 쟁반[盤, 소반 반] 위에 바늘[針, 바늘 침]을 펼쳐[羅, 벌릴 라(나)] 놓았다는 뜻이지요. 나침반에는 동서남북의 네 방향이 표시된 평평한 판 위에 바늘이 있어요. 바늘이 가리키는 방향을 보면 내가 어느 쪽을 향해 서 있는지 알 수 있답니다.

18일

先
먼저 선

弟
아우 제

사람이 앞으로 발을 뻗어 먼저 나아가는 모습으로, '**먼저**'를 뜻하는 글자입니다.

[부수] 儿　[획수] 총 6획　[쓰는 순서] 先 先 先 先 先 先

先	先						
먼저 선	먼저 선						

뜻이 비슷한 한자 前 앞 전　　**뜻이 반대인 한자** 後 뒤 후

형과 끈으로 이어져 있는 남동생의 모습으로, '**아우**'를 뜻하는 글자입니다.

[부수] 弓　[획수] 총 7획　[쓰는 순서] 弟 弟 弟 弟 弟 弟 弟

弟	弟						
아우 제	아우 제						

뜻이 반대인 한자 兄 형 형　　**소리가 같은 한자** 第 차례 제, 題 제목 제

공부한 날짜 ☐ 월 ☐ 일

 아래 그림을 보고, 한자로 적힌 부분의 알맞은 음을 빈칸에 써 보세요.

 아래 한자를 따라 쓰고, 어휘의 뜻과 활용을 읽어 보세요.

先

국어	先 生
	먼저 선 · 날 생

- 뜻 학생을 가르치는 사람.
- 활용 선생님께 편지를 썼어요.

국어	先 後
	먼저 선 · 뒤 후

- 뜻 먼저와 나중.
- 활용 이야기의 선후 관계를 생각해 보았어요.

弟

국어	師 弟
	스승 사 · 아우 제

- 뜻 스승과 제자.
- 활용 선생님과 나는 사제 사이예요.

음악	弟 子
	아우 제 · 아들 자

- 뜻 스승으로부터 가르침을 받거나 받은 사람.
- 활용 피아니스트가 많은 제자를 가르쳐요.

81

실전문제 풀기

[1~2] 다음 글의 ( ) 안에 있는 漢字(한자)의 讀音(독음: 읽는 소리)을 쓰세요.

> 보기
> (音) → 음

1. (先)생님에게 (   )

2. (弟)자들이 편지를 썼습니다. (   )

[3~4] 다음 밑줄 친 말에 해당하는 漢字(한자)를 보기에서 찾아 그 번호를 쓰세요.

> 보기
> ① 弟   ② 先

3. 형과 <u>아우</u>가 함께 운동했습니다. (   )

4. 밥 먹기 전에 <u>먼저</u> 손을 씻었습니다. (   )

[5~6] 다음 漢字(한자)의 진하게 표시한 획은 몇 번째 쓰는지 보기에서 찾아 그 번호를 쓰세요.

> 보기
> ① 세 번째   ② 네 번째   ③ 다섯 번째   ④ 여섯 번째

5. 先 (   )

6. 弟 (   )

 앞에서 배운 한자를 다시 써 보며 확인하세요.

18일 학습 끝!
붙임 딱지 붙여요.

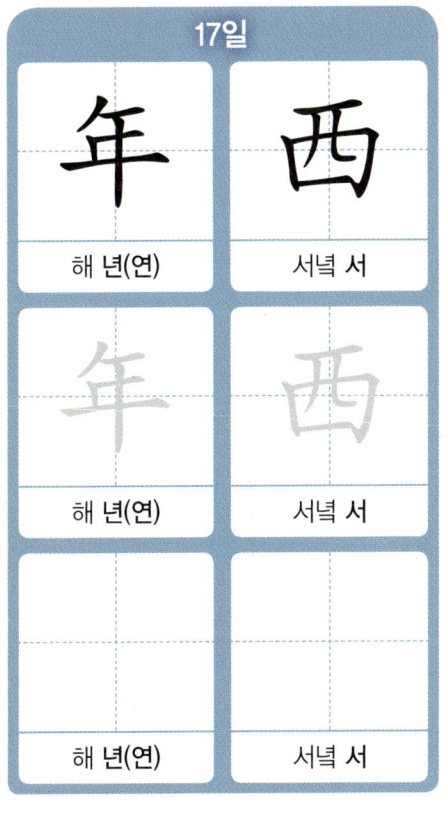

 내일 배울 한자를 소개합니다!

쇠 금   쇠 금   동녘 동   동녘 동

스승의 날은 무슨 날일까요?

매년 5월 15일은 스승의 날이에요. 1963년 선생님에게 감사하는 마음을 전하는 행사가 열린 것을 시작으로 생겨났어요. 스승의 날이 되면 제자(弟子)는 선생(先生)님에게 그동안 가르쳐 주셔서 감사하다는 마음을 표현한답니다. 여러분도 선생님에게 감사의 마음을 전해 보세요.

19일

 金 쇠 금

 東 동녘 동

산속 흙 사이에서 금이 반짝이는 모습으로, '금'을 뜻하는 글자입니다. '성'을 뜻할 때는 '김'이라고 읽어요.

[부수] 金　[획수] 총 8획　[쓰는 순서] 金 金 金 金 金 金 金 金

金 쇠 금

소리가 같은 한자 今 이제 금

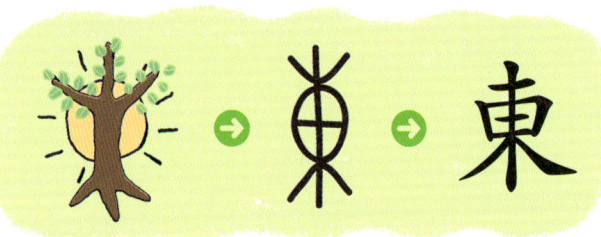

해가 나무 중간에 걸려 있는 모습으로, 해가 뜨는 '동녘, 동쪽'을 뜻하는 글자입니다.

[부수] 木　[획수] 총 8획　[쓰는 순서] 東 東 東 東 東 東 東 東

東 동녘 동

뜻이 반대인 한자 西 서녘 서　**소리가 같은 한자** 動 움직일 동, 同 한가지 동

공부한 날짜 　월 　일

 아래 한자의 알맞은 뜻과 음을 골라 ○표 하세요.

 아래 한자를 따라 쓰고, 어휘의 뜻과 활용을 읽어 보세요.

金

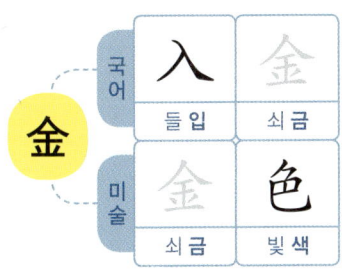

뜻 돈을 들여놓거나 넣어 줌.
활용 통장에 돈을 입금했어요.

뜻 황금과 같이 광택이 나는 누런색.
활용 왕이 금색 왕관을 쓰고 있어요.

東

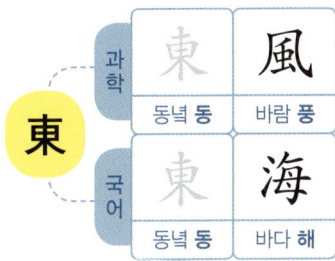

뜻 동쪽에서 부는 바람. 봄철에 불어오는 바람.
활용 봄이 되자 따뜻한 동풍이 불었어요.

뜻 동쪽에 있는 바다.
활용 가족과 함께 동해로 놀러 갔어요.

실전문제 풀기

[1~2] 다음 밑줄 친 말에 해당하는 漢字(한자)를 보기에서 찾아 그 번호를 쓰세요.

> 보기
> ① 東   ② 金

1. 창문에 있는 쇠가 녹슬었습니다. (   )
2. 동쪽 하늘에서 해가 떠오릅니다. (   )

[3~4] 다음 漢字(한자)의 훈(訓: 뜻)과 음(音: 소리)을 쓰세요.

> 보기
> 音 → 소리 음

3. 金 (   )
4. 東 (   )

[5~6] 다음 漢字(한자)의 진하게 표시한 획은 몇 번째 쓰는지 보기에서 찾아 그 번호를 쓰세요.

> 보기
> ① 다섯 번째   ② 여섯 번째   ③ 일곱 번째   ④ 여덟 번째

5. 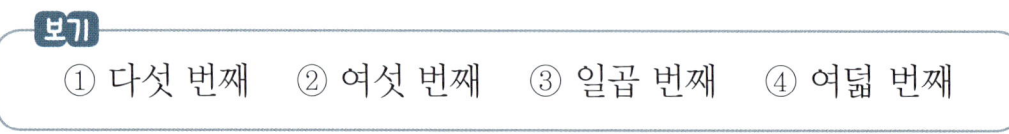 (   )

6.  (   )

19일 학습 끝!
붙임 딱지 붙여요.

⭐ 앞에서 배운 한자를 다시 써 보며 확인하세요.

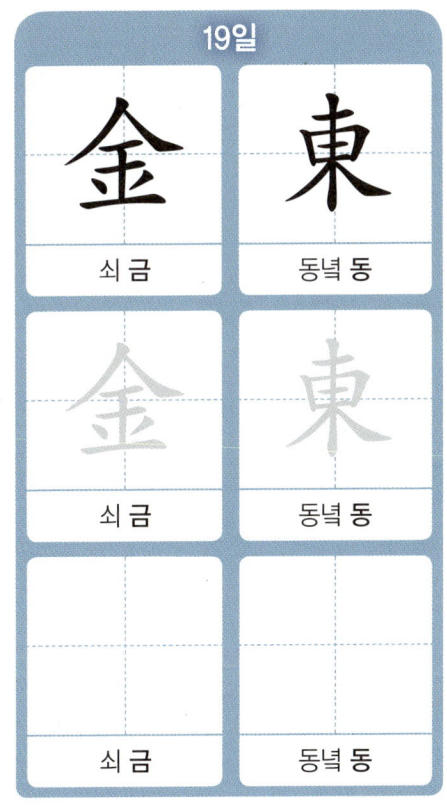

⭐ 내일 배울 한자를 소개합니다!

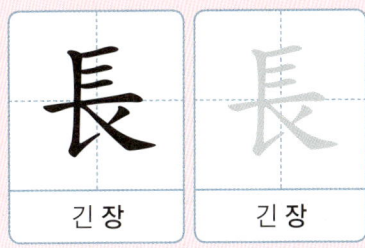

생활 속 한자 상식

'金'이 성으로 쓰일 때는 왜 '김'으로 읽을까요?

옛날에는 '金'이 성에 쓰일 때도 '금'이라고 읽었어요. 그러다 조선 시대의 왕인 이성계의 명령으로 '김'이라고 읽게 되었대요. 이성계의 성씨인 '李(오얏 리)'에는 '木(나무 목)'이 들어가는데, 나무는 쇠보다 약해요. 그래서 이성계가 왕의 자리를 빼앗길까 봐 걱정되어 '금 씨'를 '김 씨'로 읽게 시켰다는 전설이 있답니다.

87

20일

門 문 문

 두 개의 문을 그린 모습으로, '문'을 뜻하는 글자입니다.

[부수] 門 [획수] 총 8획 [쓰는 순서] 門 門 門 門 門 門 門 門

門	門						
문 문	문 문						

소리가 같은 한자 文 글월 문, 問 물을 문, 聞 들을 문

長 긴 장

 머리카락이 긴 노인이 지팡이를 짚고 걸어가는 모습으로, '길다'를 뜻하는 글자입니다.

[부수] 長 [획수] 총 8획 [쓰는 순서] 長 長 長 長 長 長 長 長

長	長						
긴 장	긴 장						

뜻이 반대인 한자 短 짧을 단 **소리가 같은 한자** 場 마당 장, 章 글 장

공부한 날짜 [ ]월 [ ]일

 아래 한자에 연결된 그림, 뜻, 음 중에서 잘못된 것을 골라 ✕표 하고, 바르게 고쳐 보세요.

 아래 한자를 따라 쓰고, 어휘의 뜻과 활용을 읽어 보세요.

門

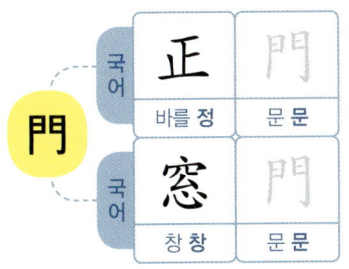

- 뜻 건물의 정면에 있는 주가 되는 출입문.
- 활용 학교 정문 앞에서 친구를 만났어요.

- 뜻 밖을 내다볼 수 있도록 벽이나 지붕에 낸 문.
- 활용 날씨가 더워서 창문을 열었어요.

長

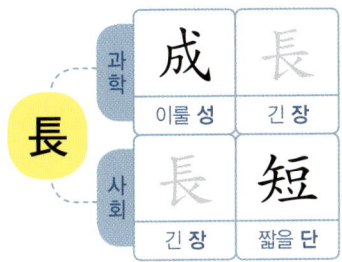

- 뜻 사람이나 동식물 등이 자라서 점점 커짐.
- 활용 새싹이 성장해서 나무가 되었어요.

- 뜻 길고 짧음. 좋은 점과 나쁜 점.
- 활용 모든 일에는 장단이 있어요.

실전문제 풀기

[1~2] 다음 훈(訓: 뜻)이나 음(音: 소리)에 알맞은 漢字(한자)를 보기에서 찾아 그 번호를 쓰세요.

> 보기
> ① 門   ② 長

1. 문 (   )

2. 길다 (   )

[3~4] 다음 漢字(한자)의 훈(訓: 뜻)과 음(音: 소리)을 쓰세요.

> 보기
> 音 → 소리 음

3. 長 (   )

4. 門 (   )

[5~6] 다음 漢字(한자)의 진하게 표시한 획은 몇 번째 쓰는지 보기에서 찾아 그 번호를 쓰세요.

> 보기
> ① 다섯 번째   ② 여섯 번째   ③ 일곱 번째   ④ 여덟 번째

5. 長 (   )   6. 門 (   )

 앞에서 배운 한자를 다시 써 보며 확인하세요.

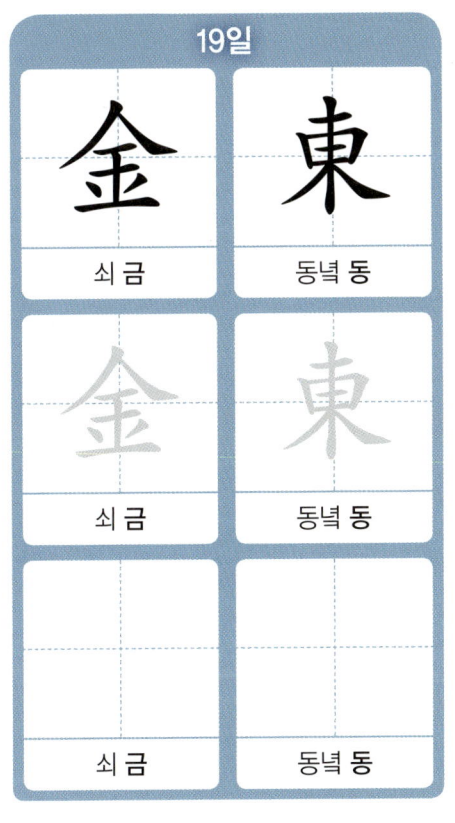

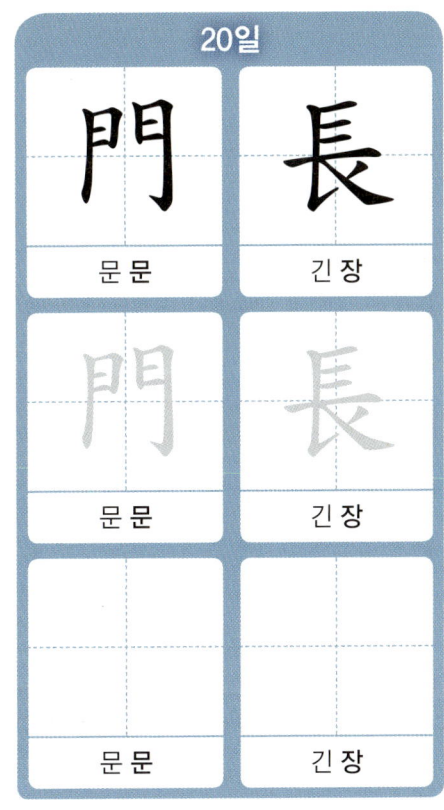

 내일 배울 한자를 소개합니다!

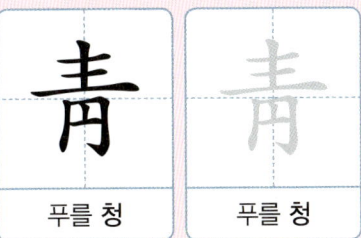

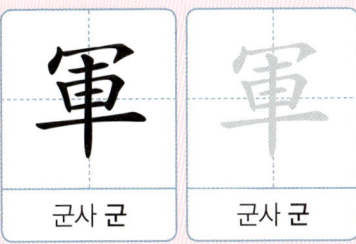

나의 장단(長短)은 무엇인가요?

친구들과 서로에 대해 이야기를 나눌 때, 나의 장점과 단점을 말하기도 해요. 이때 장점과 단점을 한 단어로 '장단(長短)'이라고 해요. '장단'은 '좋은 점과 나쁜 점'이라는 뜻을 가지고 있어요. 나의 장단점을 생각해 보고, 나쁜 점을 좋은 점으로 만들 수 있도록 노력해 보세요.

21일

靑 푸를 청

軍 군사 군

우물 안에서 파란 싹이 자라나는 모습으로, '**푸르다**'를 뜻하는 글자입니다.

[부수] 靑 [획수] 총 8획 [쓰는 순서] 靑 靑 靑 靑 靑 靑 靑 靑

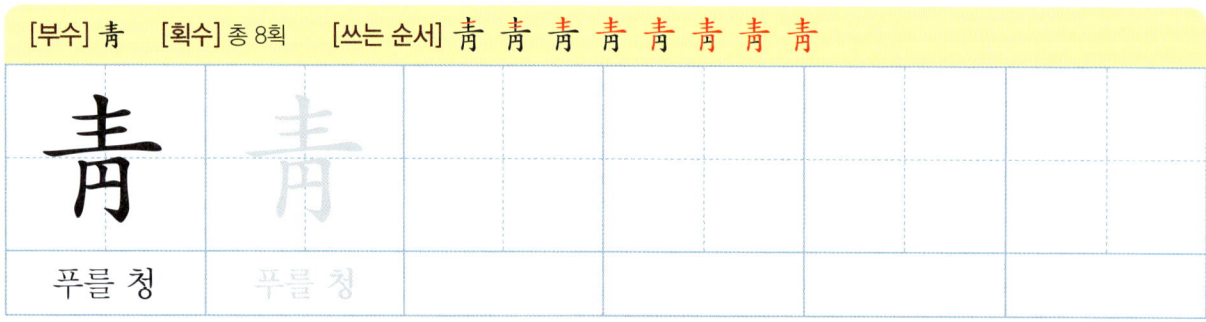

靑 푸를 청

뜻이 비슷한 한자 綠 푸를 록(녹)

소리가 같은 한자 淸 맑을 청

울타리 안에 전쟁할 때 쓰는 수레가 놓여 있는 모습으로, 전쟁에 나간 '**군사**'를 뜻하는 글자입니다.

[부수] 車 [획수] 총 9획 [쓰는 순서] 軍 軍 軍 軍 軍 軍 軍 軍 軍

軍 군사 군

소리가 같은 한자 郡 고을 군

공부한 날짜 ☐월 ☐일

 아래 그림에서 '푸르다'와 '군사'를 뜻하는 한자를 각각 찾아 색칠해 보세요.

 아래 한자를 따라 쓰고, 어휘의 뜻과 활용을 읽어 보세요.

青

| 국어 | 青 푸를 청 | 少 적을 소 | 年 해 년(연) |

뜻 청년과 소년을 아울러 이르는 말.
활용 중학생은 청소년이에요.

| 미술 | 青 푸를 청 | 色 빛 색 |

뜻 맑은 가을 하늘과 같이 밝고 선명한 푸른색.
활용 청색으로 하늘을 그렸어요.

軍

| 사회 | 軍 군사 군 | 人 사람 인 |

뜻 군대에서 일하고 힘쓰는 사람.
활용 군인은 나라를 지켜요.

| 사회 | 海 바다 해 | 軍 군사 군 |

뜻 주로 바다에서 공격과 방어의 임무를 수행하는 군대.
활용 그는 바다를 지키는 용감한 해군이에요.

실전문제 풀기

[1~2] 다음 글의 ( ) 안에 있는 漢字(한자)의 讀音(독음: 읽는 소리)을 쓰세요.

> 보기
> (音) → 음

1. (靑)년은 (   )
2. (軍)인이 되었습니다. (   )

[3~4] 다음 밑줄 친 말에 해당하는 漢字(한자)를 보기에서 찾아 그 번호를 쓰세요.

> 보기
> ① 靑   ② 軍

3. 푸른 바다를 바라보았습니다. (   )
4. 전쟁에 나간 군사들이 돌아왔습니다. (   )

[5~6] 다음 漢字(한자)의 진하게 표시한 획은 몇 번째 쓰는지 보기에서 찾아 그 번호를 쓰세요.

> 보기
> ① 네 번째 ② 다섯 번째 ③ 여섯 번째 ④ 일곱 번째

5. 軍 (   )
6. 靑 (   )

21일
학습 끝!

붙임 딱지 붙여요.

 앞에서 배운 한자를 다시 써 보며 확인하세요.

 내일 배울 한자를 소개합니다!

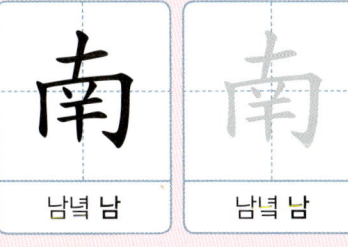

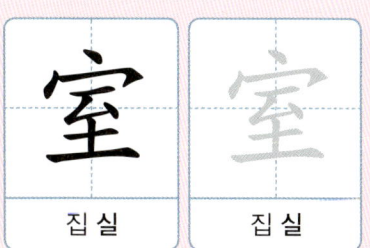

생활 속 한자 상식

옛날 사람들은 무슨 색을 좋아했을까요?

여러분은 무슨 색을 좋아하나요? 옛날 사람들은 옷이나 장식에 흰색, 붉은색, 노란색, 푸른색, 검은색을 주로 사용했어요. 이 다섯 가지 색을 오방색(五 다섯 오, 方 모 방, 色 빛 색)이라고 하지요. 아래 오방색을 살펴보세요.

| 白 흰 백 | 赤 붉을 적 | 黃 누를 황 | 靑 푸를 청 | 黑 검을 흑 |

22일

南 남녘 남

남쪽에서 부는 따뜻한 바람이 스며들어 풀과 나무가 잘 자라는 모습으로, 따뜻한 '**남녘, 남쪽**'을 뜻하는 글자입니다.

[부수] 十 [획수] 총 9획 [쓰는 순서] 南 南 南 南 南 南 南 南 南

南 남녘 남

뜻이 반대인 한자 北 북녘 북   **소리가 같은 한자** 男 사내 남

室 집 실

지붕 아래의 방에서 사람이 사는 모습으로, '**집, 방**'을 뜻하는 글자입니다.

[부수] 宀 [획수] 총 9획 [쓰는 순서] 室 室 室 室 室 室 室 室 室

室 집 실

뜻이 비슷한 한자 家 집 가, 堂 집 당   **소리가 같은 한자** 失 잃을 실

공부한 날짜 □월 □일

 아래 설명대로 이동하면 마지막에 무엇을 만나는지 ○표 하세요.

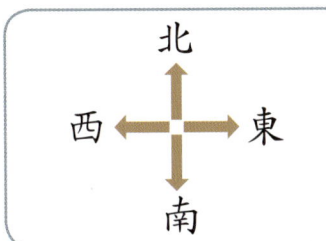

東쪽으로 4칸 → 南쪽으로 2칸 → 西쪽으로 3칸 → 北쪽으로 1칸

 아래 한자를 따라 쓰고, 어휘의 뜻과 활용을 읽어 보세요.

南
- 사회 | 南(남녘 남) 大(큰 대) 門(문 문)
  - 뜻 조선 시대에 세운 한양 도성의 남쪽 정문.
  - 활용 남대문은 숭례문이라고도 불려요.
- 사회 | 南(남녘 남) 海(바다 해)
  - 뜻 남쪽에 있는 바다.
  - 활용 남해에는 섬이 많아요.

室
- 과학 | 溫(따뜻할 온) 室(집 실)
  - 뜻 온도 등을 조절하여 각종 식물의 재배를 자유롭게 하는 구조물.
  - 활용 온실에서 화초를 키웠어요.
- 체육 | 室(집 실) 內(안 내)
  - 뜻 방이나 건물 등의 안.
  - 활용 실내 수영장에서 수영을 배웠어요.

97

실전문제 풀기

[1~2] 다음 漢字(한자)의 훈(訓: 뜻)을 보기에서 찾아 그 번호를 쓰세요.

보기
① 집   ② 남쪽

1. 南 (   )
2. 室 (   )

[3~4] 다음 漢字(한자)의 음(音: 소리)을 보기에서 찾아 그 번호를 쓰세요.

보기
① 남   ② 실

3. 室 (   )
4. 南 (   )

[5~6] 다음 漢字(한자)의 진하게 표시한 획은 몇 번째 쓰는지 보기에서 찾아 그 번호를 쓰세요.

보기
① 다섯 번째   ② 여섯 번째   ③ 일곱 번째   ④ 여덟 번째

5. 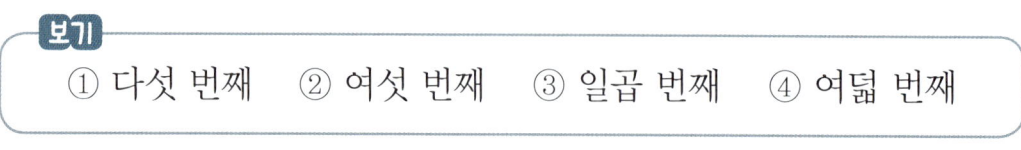 (   )   6.  (   )

 앞에서 배운 한자를 다시 써 보며 확인하세요.

22일 학습 끝!

붙임 딱지 붙여요.

21일

青 푸를 청	軍 군사 군
青 푸를 청	軍 군사 군
푸를 청	군사 군

22일

南 남녘 남	室 집 실
南 남녘 남	室 집 실
남녘 남	집 실

 내일 배울 한자를 소개합니다!

校 학교 교	校 학교 교	敎 가르칠 교	敎 가르칠 교

 생활 속 한자 상식

서울의 사대문(四大門)을 알아볼까요?

조선을 세운 이성계는 한양(서울)을 수도로 정했어요. 그리고 수도를 지키기 위해 동쪽에 '동대문(흥인지문)', 서쪽에 '서대문(돈의문)', 남쪽에 '남대문(숭례문)', 북쪽에 '북대문(숙정문)'이라는 네 개의 큰 대문을 세웠지요. 그래서 지금은 이 네 개의 대문을 서울의 사대문(四大門)이라고 부른답니다.

23일

校 학교 교

敎 가르칠 교

나무를 쌓아서 만든 학교의 모습으로, **'학교'**를 뜻하는 글자입니다.

[부수] 木 [획수] 총 10획 [쓰는 순서] 校 校 校 校 校 校 校 校 校 校

校
학교 교

소리가 같은 한자 敎 가르칠 교, 交 사귈 교

선생님이 아이를 가르치는 모습으로, **'가르치다'**를 뜻하는 글자입니다.

[부수] 攵 [획수] 총 11획 [쓰는 순서] 敎 敎 敎 敎 敎 敎 敎 敎 敎 敎 敎

敎
가르칠 교

뜻이 반대인 한자 學 배울 학

소리가 같은 한자 校 학교 교, 交 사귈 교

 아래 사다리를 타고 내려가서 뜻과 음에 알맞은 한자를 빈칸에 써 보세요.

 아래 한자를 따라 쓰고, 어휘의 뜻과 활용을 읽어 보세요.

校

국어	校 門
	학교 교 문 문

뜻 학교의 문.
활용 버스를 타고 교문 앞에서 내렸어요.

국어	學 校
	배울 학 학교 교

뜻 학생에게 교육하는 기관.
활용 나는 내년에 초등학교에 가요.

教

국어	敎 師
	가르칠 교 스승 사

뜻 일정한 자격을 가지고 학생을 가르치는 사람.
활용 내 꿈은 교사가 되는 거예요.

사회	敎 室
	가르칠 교 집 실

뜻 학교에서 학습 활동이 이루어지는 방.
활용 교실에서 뛰어다니지 않아요.

실전문제 풀기

[1~2] 다음 밑줄 친 말에 해당하는 漢字(한자)를 보기에서 찾아 그 번호를 쓰세요.

보기
① 校   ② 敎

1. 친구와 함께 <u>학교</u>에 갔습니다. (   )

2. 선생님께서 한자를 <u>가르쳐</u> 주셨습니다. (   )

[3~4] 다음 漢字(한자)의 훈(訓: 뜻)과 음(音: 소리)을 쓰세요.

보기
音 → 소리 음

3. 敎 (   )

4. 校 (   )

[5~6] 다음 漢字(한자)의 진하게 표시한 획은 몇 번째 쓰는지 보기에서 찾아 그 번호를 쓰세요.

보기
① 첫 번째   ② 두 번째   ③ 세 번째   ④ 네 번째

5. 校 (   )

6. 敎 (   )

 앞에서 배운 한자를 다시 써 보며 확인하세요.

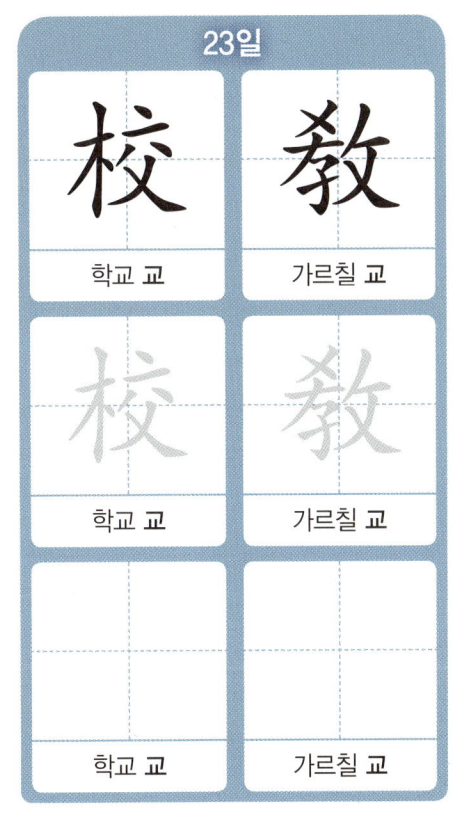

 내일 배울 한자를 소개합니다!

학교와 관련된 한자어는 무엇이 있을까요?

학교와 관련된 여러 가지 한자어를 살펴보세요.
- 입학(入學): 入(들 입)과 學(배울 학), 학교에 들어감.
- 교육(敎育): 敎(가르칠 교)와 育(기를 육), 가르치고 기름.
- 친구(親舊): 親(친할 친)과 舊(예 구), 가깝게 오래 사귄 사람.

24일

國 나라 국

백성들이 무기를 들고 성을 지키는 모습으로, 백성이 지키고 있는 **'나라'**를 뜻하는 글자입니다.

[부수] 囗 [획수] 총 11획 [쓰는 순서] 國 國 國 國 國 國 國 國 國 國 國

國	國				
나라 국	나라 국				

뜻이 비슷한 한자 韓 한국 한

萬 일만 만

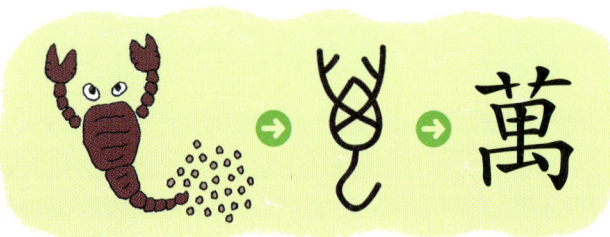

알을 많이 낳는 전갈의 모습으로, 많은 수인 **'일만'**을 뜻하는 글자입니다.

[부수] 艹 [획수] 총 13획 [쓰는 순서] 萬 萬 萬 萬 萬 萬 萬 萬 萬 萬 萬 萬 萬

萬	萬				
일만 만	일만 만				

공부한 날짜 □월 □일

 아래 지폐에 적혀 있는 액수가 얼마인지 한자로 써 보세요.

 아래 한자를 따라 쓰고, 어휘의 뜻과 활용을 읽어 보세요.

國
- 체육: 國(나라 국) 家(집 가)
  - 뜻 일정한 영토와 거기에 사는 사람들로 구성된 사회 집단.
  - 활용 국가 대표 선수들이 올림픽에 나갔어요.
- 체육: 國(나라 국) 民(백성 민)
  - 뜻 국가를 구성하는 사람. 또는 그 나라의 국적을 가진 사람.
  - 활용 국민들은 국가 대표 선수들을 응원했어요.

萬
- 국어: 萬(일만 만) 若(같을 약)
  - 뜻 혹시 있을지도 모르는 뜻밖의 경우.
  - 활용 만약 내일 비가 오면 소풍을 가지 못해요.
- 사회: 千(일천 천) 萬(일만 만)
  - 뜻 만의 천 배가 되는 수.
  - 활용 서울 인구는 천만 명이 넘어요.

105

실전문제 풀기

[1~2] 다음 글의 ( ) 안에 있는 漢字(한자)의 讀音(독음: 읽는 소리)을 쓰세요.

> 보기
> (音) → 음

1. 천(萬)명의 (   )

2. (國)민이 그 영화를 보았습니다. (   )

[3~4] 다음 훈(訓: 뜻)이나 음(音: 소리)에 알맞은 漢字(한자)를 보기에서 찾아 그 번호를 쓰세요.

> 보기
> ① 萬   ② 國

3. 나라 (   )

4. 만 (   )

[5~6] 다음 漢字(한자)의 진하게 표시한 획은 몇 번째 쓰는지 보기에서 찾아 그 번호를 쓰세요.

> 보기
> ① 세 번째   ② 네 번째   ③ 다섯 번째   ④ 여섯 번째

5. 國 (   )

6. 萬 (   )

 앞에서 배운 한자를 다시 써 보며 확인하세요.

23일		24일	
校	教	國	萬
학교 교	가르칠 교	나라 국	일만 만
校	教	國	萬
학교 교	가르칠 교	나라 국	일만 만
학교 교	가르칠 교	나라 국	일만 만

 내일 배울 한자를 소개합니다!

우리나라 지폐에는 누가 그려져 있을까요?

지폐에는 주로 그 나라의 역사에서 훌륭한 일을 한 사람이 그려져 있어요. 우리나라 지폐에도 옛사람이 그려져 있지요. 천 원에는 조선 시대 성리학자 퇴계 이황, 오천 원에는 조선 시대 성리학자 율곡 이이, 만 원에는 조선의 제4대 왕 세종 대왕, 오만 원에는 율곡 이이의 어머니 신사임당이 그려져 있답니다.

25일

學 배울 학

韓 한국 한

아이들이 서당에서 손에 책을 들고 글을 배우는 모습으로, '**배우다**'를 뜻하는 글자입니다.

| [부수] 子 | [획수] 총 16획 | [쓰는 순서] 學 學 學 學 學 學 學 學 學 學 學 學 學 學 學 學 |

學
배울 학

뜻이 반대인 한자 教 가르칠 교

동쪽에서 해가 떠올라 성을 비추는 모습으로, 동쪽에 있는 나라인 '**한국**'을 뜻하는 글자입니다. '**나라**'라는 뜻도 있어요.

| [부수] 韋 | [획수] 총 17획 | [쓰는 순서] 韓 韓 韓 韓 韓 韓 韓 韓 韓 韓 韓 韓 韓 韓 韓 韓 韓 |

韓
한국 한

뜻이 비슷한 한자 國 나라 국   **소리가 같은 한자** 漢 한수 한

공부한 날짜 ☐월 ☐일

 아래 한자의 알맞은 뜻과 음을 따라가며 미로를 통과해 보세요.

 아래 한자를 따라 쓰고, 어휘의 뜻과 활용을 읽어 보세요.

學

국어 | 放 學
놓을 방 | 배울 학
뜻 일정 기간에 수업을 쉬는 일.
활용 다음 주부터 즐거운 방학이에요.

체육 | 學 生
배울 학 | 날 생
뜻 학교에 다니면서 공부하는 사람.
활용 학생 여섯 명이 농구를 하고 있어요.

韓

사회 | 大 韓 民 國
큰 대 | 한국 한 | 백성 민 | 나라 국
뜻 우리나라의 공식적인 이름.
활용 나는 대한민국 사람이에요.

사회 | 韓 國
한국 한 | 나라 국
뜻 대한민국을 줄여서 부르는 말.
활용 한국은 아시아에 속해 있어요.

실전문제 풀기

[1~2] 다음 글의 ( ) 안에 있는 漢字(한자)의 讀音(독음: 읽는 소리)을 쓰세요.

> 보기
> (音) → 음

1. 나는 대(韓)민국 (　　　)
2. (學)생입니다. (　　　)

[3~4] 다음 漢字(한자)의 훈(訓: 뜻)을 보기에서 찾아 그 번호를 쓰세요.

> 보기
> ① 한국　　② 배우다

3. 學 (　　)
4. 韓 (　　)

[5~6] 다음 漢字(한자)의 진하게 표시한 획은 몇 번째 쓰는지 보기에서 찾아 그 번호를 쓰세요.

> 보기
> ① 여섯 번째　② 일곱 번째　③ 여덟 번째　④ 아홉 번째

5.  (　　)　　6.  (　　)

 앞에서 배운 한자를 다시 써 보며 확인하세요.

25일
학습 끝!

붙임 딱지 붙여요.

24일

國	萬
나라 국	일만 만
國 (흐린 글씨)	萬 (흐린 글씨)
나라 국	일만 만
나라 국	일만 만
나라 국	일만 만

25일

學	韓
배울 학	한국 한
學 (흐린 글씨)	韓 (흐린 글씨)
배울 학	한국 한
배울 학	한국 한
배울 학	한국 한

한국, 중국, 일본은 한자 문화권

전 세계에서 한자를 사용하는 나라로는 한국, 중국, 일본, 싱가폴 등이 있어요. 그중에서도 한국, 중국, 일본을 묶어 '한자 문화권'이라고 해요. 한자 문화권은 모두 한자를 쓰기 때문에 한자를 알면, 표지판이나 메뉴판을 알아보는 데 도움이 된답니다.

모의 한자능력검정시험

※ 모의 한자능력검정시험 유의 사항
- 〈세 마리 토끼 잡는 급수 한자 8급〉 학습이 모두 끝난 후 풀어 보세요.
- 뒤에 있는 답안지를 잘라서 문제의 답을 쓰세요.
- 답안지에는 검은색 필기구를 사용하세요.
- 8급 한자능력검정시험의 문항 수는 50문제이며, 시간은 총 50분이에요.
- 35문제 이상을 맞히면 합격이며, 불합격일 경우 8급을 복습하세요.
- 본시험을 대비하기 위한 것이므로 편안한 마음으로 시험을 보세요.

8급 제1회 모의 한자능력검정시험

50 문항 | 50분 시험 | 시험 일자: 20●●.●●.●●

성명 ☐☐☐☐☐ , 수험번호 ☐☐☐-☐☐-☐☐☐☐

[1~10] 다음 글의 ( ) 안에 있는 漢字(한자)의 讀音(독음: 읽는 소리)을 쓰세요.

> 보기
> (音) → 음

1. (五)

2. (月)

3. (二)

4. (十)

5. (一)

6. (日)은

7. (父)

8. (母)님이 결혼하신 지

9. (九)

10. (年)째 되는 날입니다.

[11~20] 다음 훈(訓: 뜻)이나 음(音: 소리)에 알맞은 漢字(한자)를 보기에서 찾아 그 번호를 쓰세요.

> 보기
> ① 國 ② 四 ③ 火 ④ 東 ⑤ 室
> ⑥ 八 ⑦ 木 ⑧ 七 ⑨ 北 ⑩ 小

11. 소

12. 나무

13. 동

14. 집

15. 팔

16. 넷

17. 나라

18. 화

19. 북녘

20. 일곱

〈계속〉

[21~30] 다음 밑줄 친 말에 해당하는 漢字(한자)를 보기에서 찾아 그 번호를 쓰세요.

보기
① 白 ② 先 ③ 外 ④ 長 ⑤ 土
⑥ 校 ⑦ 中 ⑧ 萬 ⑨ 軍 ⑩ 金

21. <u>학교</u>에서 덧셈을 배웠습니다.

22. <u>흰</u> 눈이 펑펑 내립니다.

23. 동생은 <u>흙</u>장난을 좋아합니다.

24. <u>쇠</u>는 무겁고 단단합니다.

25. 사촌 형은 <u>군인</u>입니다.

26. 도넛 <u>가운데</u>가 뚫려 있습니다.

27. 현관에 <u>긴</u> 우산이 놓여 있습니다.

28. 문 <u>바깥</u>에 참새가 앉아 있습니다.

29. 사과를 <u>만</u> 원어치 샀습니다.

30. 친구가 나보다 <u>먼저</u> 도착했습니다.

[31~40] 다음 漢字(한자)의 훈(訓: 뜻)과 음(音: 소리)을 쓰세요.

보기
音 → 소리 음

31. 女

32. 生

33. 王

34. 三

35. 水

36. 大

37. 人

38. 韓

39. 門

40. 敎

〈계속〉

[41~44] 다음 漢字(한자)의 훈(訓: 뜻)을 보기에서 찾아 그 번호를 쓰세요.

보기
① 백성 ② 마디 ③ 여섯 ④ 아우

41. 弟

42. 民

43. 寸

44. 六

[45~48] 다음 漢字(한자)의 음(音: 소리)을 보기에서 찾아 그 번호를 쓰세요.

보기
① 산 ② 청 ③ 형 ④ 학

45. 學

46. 靑

47. 兄

48. 山

[49~50] 다음 漢字(한자)의 진하게 표시한 획은 몇 번째 쓰는지 보기에서 찾아 그 번호를 쓰세요.

보기
① 첫 번째   ② 두 번째
③ 세 번째   ④ 네 번째
⑤ 다섯 번째 ⑥ 여섯 번째
⑦ 일곱 번째 ⑧ 여덟 번째
⑨ 아홉 번째 ⑩ 열 번째

49. 南

50. 西

♣ 수고하셨습니다.

8급 제2회 모의 한자능력검정시험

50 문항 | 50분 시험 | 시험 일자: 20●●.●●.●●

성명 ☐☐☐☐, 수험번호 ☐☐☐-☐☐-☐☐☐☐

[1~10] 다음 글의 ( ) 안에 있는 漢字(한자)의 讀音(독음: 읽는 소리)을 쓰세요.

보기
(音) → 음

1. (金)

2. 요(日)에

3. (兄)

4. (弟)는

5. (父)

6. (母)님과

7. (學)

8. (校)에 가서

9. (先)

10. (生)님을 만났습니다.

[11~20] 다음 훈(訓: 뜻)이나 음(音: 소리)에 알맞은 漢字(한자)를 보기에서 찾아 그 번호를 쓰세요.

보기
① 大 ② 西 ③ 韓 ④ 中 ⑤ 六
⑥ 南 ⑦ 八 ⑧ 北 ⑨ 長 ⑩ 十

11. 대

12. 팔

13. 남

14. 가운데

15. 한국

16. 장

17. 열

18. 서

19. 여섯

20. 북

〈계속〉

[21~30] 다음 밑줄 친 말에 해당하는 漢字(한자)를 보기에서 찾아 그 번호를 쓰세요.

보기
① 四 ② 水 ③ 東 ④ 木 ⑤ 山
⑥ 人 ⑦ 月 ⑧ 室 ⑨ 年 ⑩ 七

21. <u>동쪽</u>에서 해가 뜹니다.

22. <u>집</u>으로 돌아가는 길입니다.

23. <u>달</u>이 밝게 빛났습니다.

24. 식목일에 <u>나무</u>를 심었습니다.

25. 목이 말라서 <u>물</u>을 마셨습니다.

26. 음식점에 <u>사람</u>이 많습니다.

27. 토끼가 새끼 <u>네</u> 마리를 낳았습니다.

28. 무지개는 <u>일곱</u> 가지 색입니다.

29. <u>산</u>에 꽃이 피었습니다.

30. 나는 올<u>해</u> 여덟 살입니다.

[31~40] 다음 漢字(한자)의 훈(訓: 뜻)과 음(音: 소리)을 쓰세요.

보기
音 → 소리 음

31. 九

32. 女

33. 白

34. 三

35. 二

36. 軍

37. 敎

38. 國

39. 小

40. 土

〈계속〉

[41~44] 다음 漢字(한자)의 훈(訓: 뜻)을 보기에서 찾아 그 번호를 쓰세요.

보기
① 임금 ② 바깥 ③ 일만 ④ 다섯

41. 五

42. 萬

43. 王

44. 外

[45~48] 다음 漢字(한자)의 음(音: 소리)을 보기에서 찾아 그 번호를 쓰세요.

보기
① 민 ② 화 ③ 일 ④ 촌

45. 寸

46. 民

47. 火

48. 一

[49~50] 다음 漢字(한자)의 진하게 표시한 획은 몇 번째 쓰는지 보기에서 찾아 그 번호를 쓰세요.

보기
① 첫 번째   ② 두 번째
③ 세 번째   ④ 네 번째
⑤ 다섯 번째   ⑥ 여섯 번째
⑦ 일곱 번째   ⑧ 여덟 번째

49.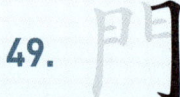

50. 靑

♣ 수고하셨습니다.

수험번호 ☐☐☐-☐☐-☐☐☐☐☐   성명 ☐☐☐☐

생년월일 ☐☐☐☐☐☐   ※ 유성 사인펜, 붉은색 필기구 사용 불가.

※ 답안지는 컴퓨터로 처리되므로 구기거나 더럽히지 마시고, 정답 칸 안에만 쓰십시오.
글씨가 채점란으로 들어오면 오답처리가 됩니다.

제1회 모의 한자능력검정시험 8급 답안지(1)

번호	답안란 정답	채점란 1검	채점란 2검	번호	답안란 정답	채점란 1검	채점란 2검
1				13			
2				14			
3				15			
4				16			
5				17			
6				18			
7				19			
8				20			
9				21			
10				22			
11				23			
12				24			

※ 뒷면으로 이어짐.

※ 본 답안지는 컴퓨터로 처리되므로 구겨지거나 더럽혀지지 않도록 조심하시고 글씨를 칸 안에 또박또박 쓰십시오.

제1회 모의 한자능력검정시험 8급 답안지(2)

번호	정답	1검	2검	번호	정답	1검	2검
25				38			
26				39			
27				40			
28				41			
29				42			
30				43			
31				44			
32				45			
33				46			
34				47			
35				48			
36				49			
37				50			

수험번호 □□□-□□-□□□□ 성명 ▢

생년월일 □□□□□□

※ 유성 사인펜, 붉은색 필기구 사용 불가.

※ 답안지는 컴퓨터로 처리되므로 구기거나 더럽히지 마시고, 정답 칸 안에만 쓰십시오. 글씨가 채점란으로 들어오면 오답처리가 됩니다.

제2회 모의 한자능력검정시험 8급 답안지(1)

번호	답안란 정답	채점란 1검	채점란 2검	번호	답안란 정답	채점란 1검	채점란 2검
1				13			
2				14			
3				15			
4				16			
5				17			
6				18			
7				19			
8				20			
9				21			
10				22			
11				23			
12				24			

※ 뒷면으로 이어짐.

※ 본 답안지는 컴퓨터로 처리되므로 구겨지거나 더럽혀지지 않도록 조심하시고 글씨를 칸 안에 또박또박 쓰십시오.

제2회 모의 한자능력검정시험 8급 답안지(2)

번호	답안란 정답	채점란 1검	2검	번호	답안란 정답	채점란 1검	2검
25				38			
26				39			
27				40			
28				41			
29				42			
30				43			
31				44			
32				45			
33				46			
34				47			
35				48			
36				49			
37				50			

세 마리 토끼 잡는 급수 한자

[8급] 정답

 8급

1일

13쪽

14쪽 1. 일 2. 구 3. ① 4. ② 5. ② 6. ①

2일

17쪽 10, 12

18쪽 1. ② 2. ① 3. 열 십 4. 두 이 5. ① 6. ②

3일

21쪽 사람 인, 일곱 칠

22쪽 1. ① 2. ② 3. ② 4. ① 5. ① 6. ②

4일

25쪽

26쪽 1. ① 2. ② 3. 여자 녀(여) 4. 여덟 팔

5. ① 6. ②

5일

29쪽 大, 山

30쪽 1. 대 2. 산 3. ② 4. ① 5. ② 6. ①

6일

33쪽 三, 小

34쪽 1. ② 2. ① 3. ① 4. ② 5. ① 6. ②

7일

37쪽

38쪽 1. 촌 2. 토 3. ② 4. ① 5. ③ 6. ②

8일

41쪽 다섯 → 여섯, 수 → 목

42쪽 1. ② 2. ① 3. ② 4. ① 5. ④ 6. ③

9일

45쪽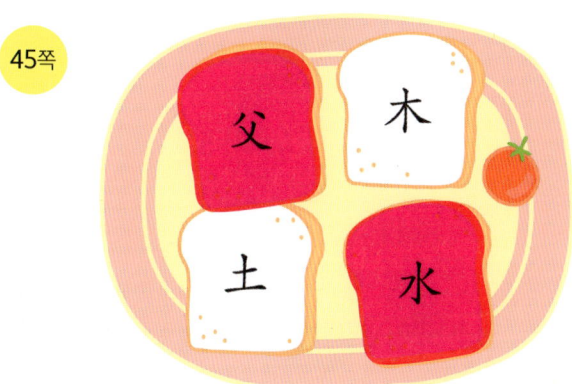

46쪽 1. 부 2. 수 3. ① 4. ② 5. ③ 6. ④

10일

49쪽

50쪽 1. ① 2. ② 3. 다섯 오 4. 임금 왕 5. ②
6. ①

 8급

11일

53쪽 日, 月

54쪽 1. 월 2. 일 3. ② 4. ① 5. ② 6. ③

12일

57쪽 中, 火

58쪽 1. 화 2. 중 3. ② 4. ① 5. 가운데 중 6. 불 화

13일

61쪽 民, 母

62쪽 1. ① 2. ② 3. ② 4. ① 5. ④ 6. ②

14일

65쪽 白, 北

66쪽 1. 북 2. 백 3. ② 4. ① 5. ④ 6. ③

15일

69쪽

70쪽 1. ① 2. ② 3. ② 4. ① 5. ④ 6. ③

16일

73쪽

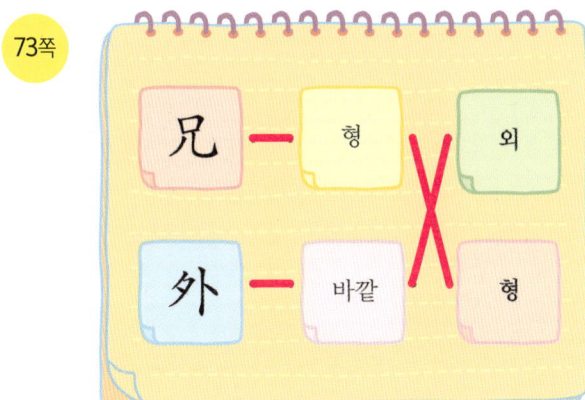

74쪽 1. 형 2. 외 3. ② 4. ① 5. 바깥 외

6. 형 형

17일

77쪽 西, 年

78쪽 1. 년 2. 서 3. ① 4. ② 5. ③ 6. ①

18일

81쪽 선, 제

82쪽 1. 선 2. 제 3. ① 4. ② 5. ② 6. ③

19일

85쪽 동녘 동, 쇠 금

86쪽 1. ② 2. ① 3. 쇠 금 4. 동녘 동 5. ④

6. ②

20일

89쪽 집 → 문, 단 → 장

90쪽 1. ① 2. ② 3. 긴 장 4. 문 문 5. ① 6. ④

정답 8급

21일

93쪽

94쪽 1. 청 2. 군 3. ① 4. ② 5. ④ 6. ①

22일

97쪽

98쪽 1. ② 2. ① 3. ② 4. ① 5. ③ 6. ②

23일

101쪽 校, 敎

102쪽 1. ① 2. ② 3. 가르칠 교 4. 학교 교 5. ②

6. ④

24일

105쪽 萬

106쪽 1. 만 2. 국 3. ② 4. ① 5. ④ 6. ③

25일

109쪽

110쪽 1. 한 2. 학 3. ② 4. ① 5. ② 6. ④

제1회 모의 한자능력검정시험

1. 오	2. 월	3. 이	4. 십	5. 일	6. 일
7. 부	8. 모	9. 구	10. 년	11. ⑩	12. ⑦
13. ④	14. ⑤	15. ⑥	16. ②	17. ①	18. ③
19. ⑨	20. ⑧	21. ⑥	22. ①	23. ⑤	24. ⑩
25. ⑨	26. ⑦	27. ④	28. ③	29. ⑧	30. ②
31. 여자 녀(여)	32. 날 생	33. 임금 왕	34. 석 삼	35. 물 수	36. 큰 대
37. 사람 인	38. 한국 한	39. 문 문	40. 가르칠 교	41. ④	42. ①
43. ②	44. ③	45. ④	46. ②	47. ③	48. ①
49. ⑥	50. ③				

제2회 모의 한자능력검정시험

1. 금	2. 일	3. 형	4. 제	5. 부	6. 모
7. 학	8. 교	9. 선	10. 생	11. ①	12. ⑦
13. ⑥	14. ④	15. ③	16. ⑨	17. ⑩	18. ②
19. ⑤	20. ⑧	21. ③	22. ⑧	23. ⑦	24. ④
25. ②	26. ⑥	27. ①	28. ⑩	29. ⑤	30. ⑨
31. 아홉 구	32. 여자 녀(여)	33. 흰 백	34. 석 삼	35. 두 이	36. 군사 군
37. 가르칠 교	38. 나라 국	39. 작을 소	40. 흙 토	41. ④	42. ③
43. ①	44. ②	45. ④	46. ①	47. ②	48. ③
49. ⑥	50. ③				

8급 한자 리스트

★ 가나다순으로 나열되어 있어요.

校 학교 교	敎 가르칠 교	九 아홉 구	國 나라 국	軍 군사 군
金 쇠 금	南 남녘 남	女 여자 녀(여)	年 해 년(연)	大 큰 대
東 동녘 동	六 여섯 륙(육)	萬 일만 만	母 어미 모	木 나무 목
門 문 문	民 백성 민	白 흰 백	父 아비 부	北 북녘 북
四 넉 사	山 산 산	三 석 삼	生 날 생	西 서녘 서
先 먼저 선	小 작을 소	水 물 수	室 집 실	十 열 십
五 다섯 오	王 임금 왕	外 바깥 외	月 달 월	二 두 이
人 사람 인	一 한 일	日 날 일	長 긴 장	弟 아우 제
中 가운데 중	靑 푸를 청	寸 마디 촌	七 일곱 칠	土 흙 토
八 여덟 팔	學 배울 학	韓 한국 한	兄 형 형	火 불 화

문해력이 자란다는 건
생각이 자란다는 것

시리즈 구성

1~2학년	3~4학년	5~6학년
1단계	3단계 Ⓐ	5단계 Ⓐ
2단계	3단계 Ⓑ	5단계 Ⓑ
	4단계 Ⓐ	6단계 Ⓐ
	4단계 Ⓑ	6단계 Ⓑ

1 호기심이 자란다
질문형 주제를 보다 보면 글에 대한 호기심이 자랍니다.

2 생각이 자란다
하나의 주제로 연결된 2개의 글을 읽다 보면 생각이 자랍니다.

3 문해력이 자란다
생각을 표현하는 문제를 풀다 보면 문해력이 자랍니다.

NE능률

계산력이 탄탄하다는 건
수학이 쉬워진다는 것

달 달 풀고 곰곰 생각하는
달곰한 계산력

하루 2쪽 × 44일 완성

초등 1-1

- 학교 선생님의 설명으로 읽고, 재미있게 기르는 계산력
- 3가지 범위의 계산력 평가로 빈틈없는 실력 완성
- 수학이 쉬워지는 수해력의 첫걸음

시리즈 구성

1학년	1-1	1-2
2학년	2-1	2-2
3학년	3-1	3-2
4학년	4-1	4-2
5학년	5-1	5-2
6학년	6-1	6-2

1 현직 교사가 만들다
학교 선생님의 노하우가 담긴 연산 원리 학습법으로
수학이 쉬워지는 수해력의 첫걸음을 내딛게 만듭니다.

2 수학 공부 습관을 만들다
하루 2쪽씩 알차게 학습하여
꾸준한 수학 공부 습관을 만듭니다.

3 탄탄한 계산력을 만들다
단계별 학습 후 최종 계산력 평가를 함으로써
빈틈없는 수학 기초 체력을 만듭니다.

교재구성 미리보기

8급 부수 一 | 총 1획	8급 부수 乙 | 총 2획	8급 부수 十 | 총 2획	8급 부수 二 | 총 2획	8급 부수 人 | 총 2획
一 한 일	九 아홉 구	十 열 십	二 두 이	人 사람 인
• 一生(일생) • 一月(일월)	• 九月(구월) • 九十(구십)	• 八十(팔십) • 數十(수십)	• 二重(이중) • 二十(이십)	• 人事(인사) • 韓國人(한국인)

8급 부수 一 | 총 2획	8급 부수 八 | 총 2획	8급 부수 女 | 총 3획	8급 부수 大 | 총 3획	8급 부수 山 | 총 3획
七 일곱 칠	八 여덟 팔	女 여자 녀(여)	大 큰 대	山 산 산
• 七夕(칠석) • 七十(칠십)	• 八方(팔방) • 八道(팔도)	• 女子(여자) • 男女(남녀)	• 大門(대문) • 大學生(대학생)	• 火山(화산) • 登山(등산)

8급 부수 一 | 총 3획	8급 부수 小 | 총 3획	8급 부수 寸 | 총 3획	8급 부수 土 | 총 3획	8급 부수 八 | 총 4획
三 석 삼	小 작을 소	寸 마디 촌	土 흙 토	六 여섯 륙(육)
• 三寸(삼촌) • 三國(삼국)	• 小心(소심) • 小形(소형)	• 四寸(사촌) • 寸數(촌수)	• 國土(국토) • 黃土色(황토색)	• 六角(육각) • 六十(육십)

8급 부수 木 | 총 4획	8급 부수 父 | 총 4획	8급 부수 水 | 총 4획	8급 부수 二 | 총 4획	8급 부수 玉 | 총 4획
木 나무 목	父 아비 부	水 물 수	五 다섯 오	王 임금 왕
• 木手(목수) • 木工(목공)	• 父女(부녀) • 父母(부모)	• 生水(생수) • 水中(수중)	• 五色(오색) • 五萬(오만)	• 女王(여왕) • 國王(국왕)

8급 부수 月 | 총 4획	8급 부수 日 | 총 4획	8급 부수 丨 | 총 4획	8급 부수 火 | 총 4획	8급 부수 母 | 총 5획
月 달 월	日 날 일	中 가운데 중	火 불 화	母 어미 모
• 月曜日(월요일) • 每月(매월)	• 日記(일기) • 來日(내일)	• 中間(중간) • 中心(중심)	• 火力(화력) • 火災(화재)	• 母女(모녀) • 母子(모자)

8급 부수 氏 | 총 5획	8급 부수 白 | 총 5획	8급 부수 匕 | 총 5획	8급 부수 口 | 총 5획	8급 부수 生 | 총 5획
民 백성 민	白 흰 백	北 북녘 북	四 넉 사	生 날 생
• 農民(농민) • 民族(민족)	• 白色(백색) • 白人(백인)	• 北風(북풍) • 南北(남북)	• 四方(사방) • 四十(사십)	• 生命(생명) • 生日(생일)

8급 부수 夕 | 총 5획	8급 부수 儿 | 총 5획	8급 부수 干 | 총 6획	8급 부수 襾 | 총 6획	8급 부수 儿 | 총 6획
外 바깥 외	兄 형 형	年 해 년(연)	西 서녘 서	先 먼저 선
• 外食(외식) • 外國(외국)	• 親兄(친형) • 兄弟(형제)	• 學年(학년) • 新年(신년)	• 西海(서해) • 西洋(서양)	• 先生(선생) • 先後(선후)

8급 부수 弓 | 총 7획	8급 부수 金 | 총 8획	8급 부수 木 | 총 8획	8급 부수 門 | 총 8획	8급 부수 長 | 총 8획
弟 아우 제	金 쇠 금	東 동녘 동	門 문 문	長 긴 장
• 師弟(사제) • 弟子(제자)	• 入金(입금) • 金色(금색)	• 東風(동풍) • 東海(동해)	• 正門(정문) • 窓門(창문)	• 成長(성장) • 長短(장단)

8급 부수 靑 | 총 8획	8급 부수 車 | 총 9획	8급 부수 十 | 총 9획	8급 부수 宀 | 총 9획	8급 부수 木 | 총 10획
靑 푸를 청	軍 군사 군	南 남녘 남	室 집 실	校 학교 교
• 靑少年(청소년) • 靑色(청색)	• 軍人(군인) • 海軍(해군)	• 南大門(남대문) • 南海(남해)	• 溫室(온실) • 室內(실내)	• 校門(교문) • 學校(학교)

8급 부수 攴 | 총 11획	8급 부수 口 | 총 11획	8급 부수 艸 | 총 13획	8급 부수 子 | 총 16획	8급 부수 韋 | 총 17획
敎 가르칠 교	國 나라 국	萬 일만 만	學 배울 학	韓 한국 한
• 敎師(교사) • 敎室(교실)	• 國家(국가) • 國民(국민)	• 萬若(만약) • 千萬(천만)	• 放學(방학) • 學生(학생)	• 大韓民國(대한민국) • 韓國(한국)